종교개혁자들과의 대화 Vol. 9
종교개혁과 학문

종교개혁자들과의 대화 Vol. 9
종교개혁과 학문

1쇄 발행 2016년 12월 31일
2쇄 인쇄 2017년 3월 20일

지은이 강영안
펴낸이 이의현
펴낸곳 SFC출판부
등 록 제 114-90-97178
(137-803) 서울특별시 서초구 고무래로 10-8 2층 SFC출판부
Tel. (02)596-8493 Fax. 0505-300-5437
홈페이지 www.sfcbooks.com **이메일** sfcbooks@sfcbooks.com

기획·편집 이의현
디자인편집 이새봄
영업마케팅 조형준
인쇄처 성광인쇄

ISBN 979-11-87942-07-8 04230

값 7,000원

잘못 만들어진 책은 언제든지 교환해드립니다.

종교개혁자들과의 대화 Vol. 9
종교개혁과 학문

강영안 지음

이 소책자는 두레/나눔/주님의보배교회의 후원으로 만들어졌습니다.

시리즈 서문

500년 전 1517년에 하나님께서는 루터와 같은 말씀의 종들을 세우셔서 거짓되고 부패한 교회를 순수한 말씀을 통해 새롭게 하셨습니다. 이 뜻깊은 해를 맞이하여 우리는 종교개혁의 정신을 정확하게 이해하고, 그것을 바탕으로 오늘의 우리를 성찰하며, 다음 세대에게 그 정신을 잘 전수할 수 있기를 간절히 기대하고 있습니다. 종교개혁이 무엇이었는가에 대한 논의는 지금까지 숱하게 이루어져 왔고 앞으로도 계속해서 연구될 겁니다. 고신레포Refo500 준비위원회는 "오직 말씀 위에 교회를!"(The Church on the Word Alone!)이라는 슬로건 하에 '성경'과 '교리'와 '역사'라는 세 가지 큰 영역을 중점적으로 살피면서 변화와 갱신의 운동인 종교개혁을 주목했습니다.

고신레포Refo500 준비위원회는 다양한 사업들 중 핵심 사업으로 『종교개혁자들과의 대화』 시리즈를 기획했습니다. 이 시리즈는 총 12권의 소책자로 구성되었는데, 종교개혁이 일으킨 변화를 예배로부터 시작하여, 교회, 역사, 교육, 가정, 정치, 경제, 문화, 학문, 교리, 과학, 선교까지 모두 12가지 영역을 다룹니다. 이 시리즈를 펴내는 이유는 먼저 종교개혁이 당시 로마교회의 미신적인 몇몇 행태를 개혁한 것이 아니라, 유럽 사회 전체를 변혁한 총체적인 개혁이었다는 것을 드러내기 위함입니다. 그리고 여기서 더 나아가 종교개혁이 당시 유럽사회를 구체적으로 어떻게 변화시켰는지 파악하고, 다음으로 이런 총체적인 개혁이 오늘날 우리에게 어떻게 적용될 수 있는지를 찾아가기 위함입니다.

종교개혁은 유럽 사회 전체와 모든 영역을 개혁한 전무후무한 말씀운동이었습니다. 그러므로 우리 스스로 종교개혁의 의의를 교회 내의 활동으로 국한시키는 어리석음을 범하지 말아야 합니다. 현대 기성 기독교인들은 물론 자라나는 기독 청소년들을 위해서도 이런 작업은 꼭 필요합니다. 우리 기독 청소년들이 교회에서 말씀을 잘 깨닫고, 그래서 사회의 어떤 영역으로 나가더라도 그 말씀을 가지고 개혁의 일꾼으로 살아갈 수 있어야 하기 때문입니다. 이 시리즈가 종교개혁이 우리 시대에 살아있는 역사로 자리매김하는 일에 조금이나마 도움이 되기를 바랍니다. 이 시리즈를 집필하느라 수고한 집필진들과 후원해준 교인들과 교회들, 그리고 출판을 책임져준 SFC출판부에게 진심으로 감사의 말씀을 전합니다.

2016년 12월
고신레포Refo500 준비위원회

목차

목차

시리즈 서문   5

들어가면서   11

제1장 첫 번째 물음   19
   : 종교개혁과 학문이 무슨 관계가 있는가?

제2장 두 번째 물음   43
: 학문도 개혁의 대상인가?

제3장 세 번째 물음   83
: "아테네와 예루살렘이 무슨 상관이 있는가?"

나가면서   109

더 읽으면 좋은 책들   119

Re
form
ed

들어가면서:
이 글을
쓰는 나

안녕하세요? 종교개혁 500주년을 기념하여 여러 주제를 다루는 가운데, 저는 '종교개혁과 학문'을 맡아 다루게 된 강영안(姜榮安) 입니다. 저는 1985년 10월 3일에 네덜란드 암스테르담 자유대학교에서 박사학위를 받은 뒤, 국내에 들어와 30년이 넘게 대학에서 가르치고, 논문을 발표하고, 책을 쓰는 일을 하였습니다. 사람들은 저를 '교수'라 부르기도 하고 '박사'라 부르기도 합니다만, 제가 하는 활동은 주로 학문하는 활동이므로 저는 제 자신을 무엇보다 '학자'(學者)라고 생각합니다.

저는 기독교 시민운동에 참여하기도 하고 이런 저런 정부 기구와 관련된 일도 했지만, 스무 살 이후 대부분의 세월을 대학에서 보냈습니다. 제가 다닌 대학이 네 곳(고려신학대학, 한국외국어대학교, 루뱅대학교, 암스테르담 자유대학교)이고 적어도 1년 이상 전임 교수로 가르친 곳이 네 곳(네덜란드 레이든대학교, 계명대학교, 서강대학교, 미국 칼빈 칼리지)입니다. 그러니 저는 학자의 삶을 살고 있다고 말해도 시비 걸 사람이 아무도 없습니다. 학자는 '배우는 사람'입니다. 배우는 사람은 '배우고 묻는 일', '학문'(學問)을 일삼아 하는 사람입니다. 배우고 묻는 일, 묻고 배우는 일은 이 땅에서 사람만이 할 수 있는 일입니다. 소나 개나 돼지는 묻고 배우고, 배우고 다시 묻는 일을 할 수 없습니다.

저는 '학자' 가운데서도 '인문학자'로 분류됩니다. '인문'(人文)은 '사람이 남긴 무늬', '사람이 만드는 무늬'입니다(여기서 '문'을 흔히 '글월 문'이라고 말합니다만 '무늬'가 본래 뜻입니다). 그러므로 '인문학자'는 '사람이 만든 무늬', '사람이 남긴 무늬'를 보고, 읽고, 듣고, 생각하고, 말하고, 글로 쓰는 사람입니다. 사람은 말로, 소리로, 몸짓으로, 이야기로, 논리로 자신과 자신의 경험과 타인과 맺는 관계와 세계와의 관계를 표현합니다. 그러므로 사람이 표현하는 것들은 인문학자의 시선을 벗어날 수 없습니다.

인문학 가운데서도 저는 '철학'을 다른 어떤 분야보다 두

루, 넓게, 그리고 깊이 공부하려고 애썼습니다. 그렇기 때문에 저는 저 자신을 '철학을 하는 사람', 곧 '철학자'라고 해야 할 겁니다. 그런데 '철학자'이면서도 기독교 신앙의 눈으로, 성경에 의존해서 철학을 하기 때문에, '기독교 철학자'라고 부를 수도 있습니다.

그러면 '기독교 철학자'란 누구일까요? '기독교 철학'을 해야만 기독교 철학자일까요? 만일 그렇다면, '기독교 철학'이라는 고정된 지식 체계가 있어야 합니다. 아니면 '기독교적으로 철학을 하려고 애쓰는' 사람이 기독교 철학자일까요? 이렇게 이해하면, 체계는 없더라도 하나님의 말씀과 믿음과 믿음의 전통에 서서 문제를 생각하고 다루는 방식으로 기독교 철학자가 될 수 있겠지요.

저는 앞의 경우보다 뒤의 경우가 훨씬 더 진실에 가깝다고 생각합니다. 누구나 교과서처럼 공부할 수 있는 '기독교 철학'은 없다 하더라도, 기독교적으로 철학을 하려고 애쓰면 '기독교 철학자'라고 할 수 있겠지요. 물론 무엇이 '기독교적'인가라고 물어볼 수 있습니다. 로마교회 전통에 서있는가, 그리스도정교회 전통에 서있는가, 아니면 개신교 전통에 서있는가에 따라 '기독교적'인 것이 무엇인지 조금씩 다르게 이야기할 수 있을 겁니다.

그런데 제가 지금까지 걸어온 길을 걷게 되기까지는 어릴 때부터 몸담았던 대한예수교장로회 고신교단 교회의 영향이 컸습니다. 고신교단에 속한 교회에서 저는 '개혁신앙' 전통을 배웠습니다. 저는 시골 교회 목사가 되겠다고 고신대학교의 전신인 고려신학대학에 입학했습니다. 교육부에서 인정하는 학사학위를 받을 수 있는 첫 학생이었습니다. 그런데 이 학교에서 저는 어느 곳보다 강하게 네덜란드 개혁신앙과 신학 전통(이것은 국내에서 흔히 '기독교세계관'이라 부르는 것과 내용이 같습니다)을 접했습니다. 고려신학대학 1, 2학년 때 도이여베이르트(Herman Dooyeweerd, 1894~1977년)의 철학에 관심을 갖고 그의 책들을 읽었습니다. 저에게 좀 더 깊고 넓게 영향을 준 책은 도이여베이르트 책 외에도 세 권이 더 있었습니다.

하나는 아브라함 카이퍼(Abraham Kuyper, 1837~1920년)가 쓴 『칼빈주의 강의』(*Lectures on Calvinism*)였습니다. 이 책은 카이퍼가 네덜란드 수상이 되기 몇 년 전에 미국의 프린스턴 신학교에서 한 강연입니다. 이 책을 통해 저는 개혁신앙의 특징이 교회 신앙에 국한되지 않고 삶의 모든 영역에 미치는 '삶의 체계'요, 삶과 세계를 보는 포괄적인 세계관임을 배웠습니다. 두 번째는 헨리 미터가 쓴 『칼빈주의 기본사상』(*The Basic Ideas of Calvinism*)이었습니다. 이 책을 통해 저는 칼빈주의 또는 개혁신앙의 핵심이 '하나님의 주권 사상'에 있음을 배웠습니다. 세 번째는 헨리 미터와 함께 칼빈 칼리지 교수였던 헨리 밴틸이 쓴『칼빈주의 문화관』(*The Calvinistic Concept of Culture*)이라는 책이었습니다. 이 책은 1972년 당시 고신의 교수였던 이근삼 박사님이 번역하셨습니다. 이 책들을 통해 저는 하나님께서는 삶의 모든 영역의 주인이시며, 삶의 모든 영역을 성령 안에서 그리스도의 구속을 통해 회복하기를 원하신다는 것을 배웠습니다. 도이여베이르트주의자(Dooyeweerdian)가 되지는 않았지만 카이퍼리언(Kuyperian) 전통에 대해서 제가 여전히 우호적인 까닭은 이 때 받은 영향 때문이라 생각합니다.

저는 고려신학대학에서 2년 공부한 뒤에 네덜란드에서 개혁 신학을 곧장 공부할 생각으로 당시 유일하게 국내에서 네덜란드어를 배울 수 있었던 한국외국어대학교로 학교를 옮겼습니다. 한국외국어대학교에서 저는 네덜란드어와 철학을 공부한 다음, 벨기에 정부 장학생으로 선발되어, 1425년 로마 교황청이 네덜란드 지역 최초의 대학으로 세운 벨기에 루뱅대학교 철학과로 갔습니다. 그곳에서 저는 학부과정에 다시 들어가 고대철학과 중세철학, 유럽 근대철학, 그리고 특히 프랑스 현대철학과 현상학을 폭넓게 공부할 수 있는 기회를 가졌습니다. 그런 뒤, 아브라함 카이퍼가 세운 네덜란드 암스테르담 자유대학교 철학과로 옮겨가 반 퍼슨(C.A. van Peursen, 1920~1996년)교수의 지도 아래 칸트에 관한 논문으로 철학 박사 학위를 받았습니다. 이때도 종교개혁 전통에 서 있는 개혁신앙과 신학 공부는 계속 이어졌습니다.

들어가는 말이 너무 길었습니다. 이 책을 읽는 분들에게 그냥 제가 생각하고 있는 것, 제가 알고 있는 것을 늘어놓을 생각은 없습니다. 여러분들이 제 강의실에 앉아 저와 얼굴과 얼굴을 맞대고 마치 강의를 듣고 서로 얘기를 나누고 있다고 생각하고 이 글을 써나가려고 합니다. 실제 강의실이라면 묻기도 하고 때로는 답을 주고받기도 하는 방식으로 진행이 되겠지만, 글을 통해야 하기 때문에 일방통행을 면할 수 없습니다. 하지만 여러분이 바로 제 앞에 앉아서 듣고 있다고 최대한 상상하면서 제게 주어진 주제와 관련된 이야기를 해보겠습니다. 여러분들은 글을 그냥 읽어가지 마시고 같이 묻고, 같이 생각해 나갈 수 있기를 바랍니다.

이 글에서 저는 세 가지 물음을 다루도록 하겠습니다. 첫째 물음은 '종교개혁과 학문이 무슨 관계가 있는가?' 하는 물음입니다. 종교개혁은 교회를 갱신하기 위해 일어난 운동인데, 학문과 관련해서 생각해 봐야할 것이 무엇인지 다루어보겠습니다. 두 번째는 '학문도 개혁 대상인가?' 하는 물음입니다. 종교개혁이 '개혁' 대상으로 삼은 것은 '교회'입니다. 그렇다면 당연히 질문이 생깁니다. '학문도 개혁 대상인가?' 마지막 세 번째로는 고대 교회의 교부였던 테르툴리아누스가 던진 "아테네와 예루살렘이 무슨 상관이 있는가?"라는 물음을 통하여 세속 학문과 그리스도인의 신앙이 과연 관계가 있는지, 있다면 어떤 관계가 있는지를 다루어보겠습니다. 이를 통해 오늘 우리가 만일 기독교 학문에 관심을 가진다면 무엇에 관심을 두어야 할지를 함께 생각해보는 시간이 되었으면 좋겠습니다.

Reformed

제1장

첫 번째 물음: 종교개혁과 학문이 무슨 관계가 있는가?

'종교개혁과 학문', 이것이 제가 다루어야 할 주제입니다. 그런데 이 주제를 만나면서 여러분은 아마도 곧장 의문을 가질 겁니다. '종교개혁과 학문이 무슨 관계가 있는가?' '종교개혁과 교회', '종교개혁과 성경'이라고 하면 아마 여러분은 자연스러운 주제로 받아들이겠지요? 왜냐하면 '종교개혁'이라고 하면 1517년 10월 31일에 마르틴 루터(Martin Luther, 1483~1546년)가 면벌부(免罰符, indulgence)와 관련된 주장이 담긴 대자보를 붙인 사건에서 시작된 교회 개혁이고, 무엇보다 성경을 신앙과 삶의 가장 중요한 원천으로 생각한 전통이기 때문이지요.

'종교개혁과 정치'나 '종교개혁과 경제'와 같은 주제도 종교개혁의 역사를 아는 분이면 당연히 다룰 주제라고 생각할 겁니다. 종교개혁은 개인의 영혼, 개인의 내면성을 중시했습니다. 그런데 개인의 내면성과 주관성은 곧장 개인의 권리와 책임과 연관되고, 따라서 근대의 정치형태 가운데 가장 중요한 형태라 할 수 있는 민주주의와 종교개혁이 연관된다는 것은 어렵지 않게 인식할 수 있습니다. 또 칼빈(Jean Calvin)만 하더라도 이자(利子) 제도를 신학적으로 최초로 정당하다고 보았기 때문에, 돈으로 돈을 벌 수 있는 은행 제도와 자본주의의 연관을 고려해보면 비록 칼빈이 '자본주의의 아버지'는 아니라 해도, 자본주의가 생성되고 발전하는 데 기여했다는 사실을 부인할 수 없습니다.

'종교개혁과 과학'이라는 주제도 만일 레이어 호이까스(Reijer Hooykaas)의 『종교와 근대과학의 발생』(*Religion and the Rise of Modern Science*)을 읽은 분이라면, 당연히 다룰 만한 주제라는 것을 어렵지 않게 인정할 수 있을 겁니다. 호이까스를 따르면, 근대 과학을 발생시키고 근대 과학을 지탱해온 과학자들 가운데는 로마교회 신자보다는 개신교 신자들이 훨씬 많았습니다. 코페르니쿠스, 갈릴레이, 케플러는 과학혁명의 3대 선구자로 거론됩니다. 이 세 사람 가운데 케플러는(말년에는 문제가 있었지만) 루터의 개혁 전통을 따르는 과학자였습니다. 코페르니쿠스는 로마교회의 신부였지만, 1543년에 나온 그의 주저 『천체회전론』(*De revolutionibus orbium coelestium*)은 루터교 목사 오지안더(Andreas Osiander, 1498~1552년)가 서문을 붙여 출판했습니다.

또한 17세기의 아이작 뉴턴(Isaac Newton, 1642~1727년), 로버트 보일(Robert Boyle, 1627~1691년), 켈빈 경(Lord Kelvin)으로 불리는 19세기의 윌리엄 톰슨(William Thomson, 1824~1907년) 등 개신교 출신의 탁월한 과학자들이 있었습니다. 개신교 신앙이 근대과학의 출현에 크게 영향을 미친 까닭으로, 호이까스는 유기적 자연관에서 기계적 자연관으로의 전환, 경험의 중시, 신체 노동과 기술의 중시, 모든 삶을 하나님께 영광을 돌리는 삶으로 보는 태도, 신자들의 만인제사장직의 인식을 들고 있습니다.

그런데 '종교개혁과 학문'이라는 주제가 과연 '주제'가 될 수 있을까요? 당연히 이러한 의문을 품거나 질문을 할 수 있습니다. 이유는 여러 가지일 수 있습니다. 예컨대, 16세기에 일어난 종교개혁을 만일 단순한 교회개혁 운동이라 본다면, 종교개혁을 학문과 관련해서 생각해 볼 여지가 거의 없어 보입니다. 민주주의나 자본주의의 발생과 관련해 종교개혁을 생각하는 것도 무리가 있는 것처럼 보입니다.

서양의 경우에는 오늘날의 역사 구분 방식으로 보면, 종교개혁이 있었던 16세기에 앞서 이미 고대와 중세가 있었습니다. 학문이 발전해 온 역사의 관점에서 보면, 학문은 16세기보다 훨씬 이전부터 있었습니다. 동양이든 서양이든 현재 우리가 알고 있는 지식이나 문헌들의 역사는 2,500년 전으로 거슬러 올라갑니다. 그렇다면 근대학문과 과학은 아무리 새로운 변화가 있다고 해도 고중세 학문 전통과의 연속성에서 보는 것이 온당하다고 할 겁니다. 그럼에도 종교개혁과 관련해서 학문을 이야기하고 학문과 관련해서 종교개혁의 의미와 가치를 이야기할 수 있는 근거가 무엇일까요?

우선 부인할 수 없는 사실을 먼저 이야기해봅시다. 종교개혁은 분명히 당시 유럽 교회의 부패, 신앙의 변질, 신학의 오류와 관련이 있습니다. 그러니 종교개혁은 무엇보다도 '교회개혁'이라고 보는 것이 옳습니다. 교회 개혁에 대한 열망은 로마교황청이 자리 잡은 이탈리아뿐만 아니라, 프랑스, 헝가리, 영국, 독일 등지에 두루 퍼져있었습니다. 오웬 채드윅(Owen Chadwick, 1916~2015년)은 어느 프랑스인이 1496년에 사람들의 대화 가운데 '개혁'만큼 자주 등장한 주제가 없었다고 썼다고 전해줍니다. 교회의 행정이나 정치는 문란했습니다. 성직자들의 타락상은 눈을 뜨고 볼 수 없었습니다. 종교적 미신이나 신학적 무지가 어느 곳에서나 넘쳐났습니다.

그러므로 당시 유럽 사람들은 초대교회처럼 교회가 참모습을 보인 시대로 돌아가기를 소망하고 있었습니다. 그래서 여러 사람들이 이런저런 방식으로 개혁을 시도했습니다. 그러나 새로운 교회 운동이 탄생하고, 역사를 바꾸고, 전혀 새로운 시대를 시작하는 힘으로 작용한 개혁은 루터의 개혁 운동에서 비로소 시작되었습니다. 그런데 개혁의 시발점으로 인정받는 루터의 '95개조'가 발표되는 방식을 보세요. 여기서 여러분은 '종교개혁과 학문'의 연관을 볼 수 있을까요? 이를 위해서는 배경 설명이 조금 필요해 보입니다. 조금만 인내심을 가지세요.

루터는 비텐베르크 대학의 젊은 교수였습니다. 비텐베르크 대학은 프리드리히 선제후가 1502년에 세운 신생 대학입니다. 루터가 갔을 때만 해도 이 도시는 주민이 약 2100명, 주택이 400여 채밖에 되지 않는 작은 도시였고, 그 가운데 170여 가정에서는 맥주를 생산하고 있었습니다. 루터의 영적 진보 과정에 크게 영향을 미쳤던 요하네스 폰 슈타우피츠(Johannes von Staupitz, 1460~1524년)가 이 대학 신학부의 학장이었습니다. 슈타우피츠는 루터의 재능을 일찍 알아보았습니다. 그는 1512년에 루터에게 박사학위를 수여하고 곧장 성경을 가르치는 교수로 임명했습니다.

그런데 그 당시 루터는 자신의 죄와 하나님의 진노 앞에서 두려워 떨면서 영적 투쟁을 이어갔습니다. 슈타우피츠는 루터의 고해성사를 담당한 신부이기도 했습니다. 루터는 슈타우피츠를 쉬지 않고 찾아갔고, 어느 날에는 여섯 시간이나 자신의 죄를 슈타우피츠에게 고한 적도 있었다고 전해집니다. 슈타우피츠는 루터에게, 하나님께서 죄인에게 베풀어 주시는 은혜의 수단과 오직 예수 그리스도의 피로 죄를 용서받을 수 있다는 말을 해줬습니다. 교수가 된 뒤에 루터는 시편, 그리고 로마서와 갈라디아서를 강의하게 되었습니다. 이를 통해 루터는 하나님의 의에 관한 이해를 새롭게 하게 되었고, 오직 예수 그리스도만으로, 오직 그분의 은혜만으로, 오직 그분을 믿는 믿음만으로 죄를 용서받을 수 있다는 사실을 깨닫게 되었습니다.

사실 루터에게는 수도원과 대학이 분리된 공간이 아니었습니다. 루터는 대학에 오기 전에 이미 문법과 수사학, 그리고 어느 정도는 기초 논리학을 이미 공부했습니다. 이른바 '트리비움'(*trivium*, 삼과)이라 부르는 공부였습니다. 1501

년에 대학에 들어가서 1505년에 마기스터 학위를 받을 때까지 루터는 충실하게 대학 공부에 몰두했습니다. 그리고는 갑자기 1505년 7월 17일에 가장 엄격한 수도원으로 이름났던 아우구스티누스 수도회에 들어가게 되지요. 루터가 아우구스티누스 수도회를 선택한 것은 잘한 일이었습니다. 왜냐하면 아우구스티누스 수도회는 학문을 높이 샀기 때문입니다.

수도원에 들어가기 전에 루터는 에어푸르트(Erfurt) 대학에서 아리스토텔레스의 철학과, 중세 후기의 철학자이자 신학자인 오캄의 윌리엄(William of Ockham)의 철학과, 가브리엘 빌(Gabriel Biel)의 철학과 신학을 공부합니다. 루터와 철학은 평생 애증(愛憎) 관계였습니다. 철학을 좋아하고 잘할 수 있었으면서도 루터는 철학을 미워하고 거부했습니다. 그러나 대학 시절 루터는 아리스토텔레스의 철학을 제대로 배웠습니다. 그의 선생이었던 폰 우징은(Bartholomaus Arnoldi von Usingen, 1464~1532년)과 트루트페터(Jodocus Trutfetter, 1460~1519년) 교수에게서, 개체 사물만이 진정으로 존재할 뿐 보편자는 '오직 이름'에 지나지 않는다고 주장하는 유명론(唯名論, nominalism)을 배웁니다.

루터가 이 교수들에게서 배운 것은 단지 지식의 내용이나 지식을 다루는 기술에 그치지 않았습니다. 중요한 것은

'참'과 '앎'을 대하는 태도였습니다. 루터의 선생님들은 위대한 철학자들조차도 문제로 삼고 철저하게 따지고 반박하는 모습을 학생들에게 보여주었습니다. 묻고 따지고 근거와 이유와 정당성을 찾는 태도를 말입니다. 이러한 지적인 태도 앞에서는 위대한 철학자나 신학자, 위대한 교황조차도 물음 없이, 근거 없이 그냥 지나갈 수 없었습니다. 참된 것과 옳은 것 앞에 바로 설 때까지, 참된 것과 옳은 것, 궁극적인 것을 대면할 때까지 포기하지 않고 씨름하는 태도는, 루터에게서는 단지 지적인 태도로만 머물지 않고 그의 영적인 태도와도 연관되었습니다.

루터는 자신의 죄를 묻고 또 묻고, 따지고 또 따졌습니다. 지적인 만족을 위해 끊임없이 탐구하는 것처럼, 하나님의 진노에 직면해서 자신의 죄 문제를 가지고 끝까지 씨름했습니다. 이러한 모습에서 루터의 지성과 영성은 자세히 보고 묻고 따지고, 다시 보고 묻고 따지는 영성이요 지성임을 알 수 있습니다. 인간이 세운 제도에 빗대어 이야기하자면 루터의 지성과 영성은 수도원과 대학으로 표상됩니다. 루터는 이 두 공간을 드나들면서 자신의 구원의 문제를 손에 들고 씨름했습니다. 95개조의 개혁안은 기도와 묵상, 노동과 고행을 수행하는 수도원 전통에서 자라나, 토론하고 논박하고 대안을 찾아가는 중세 대학 문화가 표현된 것이었습니다. 무슨 말인지 금방 이해가 되지 않지요? 잠시 짧게 설명을 해보지요.

유럽의 대학제도는 중세에 시작됩니다. 12세기부터 시작해서 파두아, 파리, 옥스퍼드, 캠브리지, 루뱅 등에 대학이 설립됩니다. 지역에 따라 차이는 있지만, 신학, 의학, 법학이라는 세 분야가 중세대학의 중심을 이룹니다. 칸트(Immanuel Kant, 1724~1804년)의 말을 빌려 이야기하면, 신학은 사람의 영혼의 질병을 다루고, 의학은 몸의 질병을 다루고, 법학은 사회의 질병을 다룹니다. 인간은 육신과 영혼이 있는 존재이고, 남과 더불어 살아야 하는 존재입니다. 따라서 이 세 영역에 대한 지식이 필요합니다. 이 세 영역과 관련해서 문제가 많이 생기기 때문입니다.

물론 이 세 영역의 지식은 돈과 명예와 권력과 연관됩니다. 오늘날에는 지식의 분야가 훨씬 넓어졌지만, 여전히 이른바 '전문대학원'이라는 이름으로 이러한 중세대학 제도가, 예컨대 미국 같은 나라에는 지금까지 있어왔으며, 우리나라에서도 얼마 전부터 이 제도를 도입하기 시작했습니다. 법학전문대학원, 의학전문대학원은 많은 사람들이 가기를 원하는 곳입니다. 신학은 이제 뒷전으로 물러났지만, 이 자리에 이제 경영대학원이나 언론대학원이 자리를 잡지 않았나 생각합니다.

그런데 중세대학에서 사회의 고급 직업과 연관된 분야의 공부인 신학이나 의학, 또는 법학을 하기 전에 반드시 거치는 과정이 있었습니다(이 전통이 대학에서 여전히 살아있는 곳이 미국입니다). 대학에 따라 다르게 표현되었지만 가장 잘 알려진 용어로 말하자면, 라틴어로 '스투디움 게네랄레'(studium generale)라고 불렀습니다. '누구나 해야 할 공부' 정도로 이해할 수 있습니다. 요즘 말로는 아마 '교양과정' 또는 '자유학습과정' 등으로 부를 수 있을 겁니다. 이 과정에서 했던 공부를 중세 사람들은 '아르떼스 리베랄레스'(artes liberales)라고 불렀습니다. '자유 기술', '자유 학문'이라고 번역할 수 있는 지식입니다. 이 지식과 대비된 것이 '아르테스 세르빌레스'(artes serviles), 번역하자면, '종(從)의 기술', '종(從)의 학문'입니다. 여기서 기술이나 학문과 관련해서 '자유'와 '종'을 거론하는 이유가 무엇일까요?

'종의 기술', '종의 학문'은 일정한 목적을 이루는 데 수단으로 쓰이는 기술과 지식입니다. 예컨대 건축술은 집을 짓는 데 쓰이고, 빵 만드는 기술은 빵을 굽는 데 쓰입니다. 로봇을 만들고 알파고와 같은 인공 지능 프로그램을 만드는 일은 모두 하나의 목적을 달성하는 수단이 되는 지식과 관련이 있습니다. 그런데 '자유 학문', '자유 기술'이라고 부르는 지식은 어떤 특정한 목적과 상관없이, 그런 목적으로부터 벗어납니다. 다시 말해, 어떤 특정한 목적으로부터 자유로운 지식입니다. 그리고 이런 지식은 사람을 어떤 편견이나 선입견에서 벗어나 자유로운 인간으로 제대로 생각하고 말하고 판단할 수 있게 해줍니다.

'자유 학문'을 중세 사람들은 '*트리비움*'(trivium, 三科, 三學)과 '*콰드리비움*'(quadrivium, 四科, 四學)으로 나누었습니다. 트리비움에는 문법, 수사학, 논리학이 포함되고 '*콰드리비움*'에는 산수, 기하, 천문학, 음악이 포함됩니다. '*트리비움*'은 글을 제대로 읽고, 쓰고, 말을 설득력 있게 하고, 생각을 논리적으로 제대로 하는 공부이고, '*콰드리비움*'은 사물의 이치를 수학적으로 제대로 파악하는 공부입니다. 이런 지식은 빵이나 옷을 만들거나 육신의 병을 고치는 데는 아무 도움이 되지 않지만, 생각하고 판단하고 사람으로서 온전히 행동하고 살아가는 데는 유용한 지식입니다. '자유 학문'은 오늘도 여전히 중요성을 잃지 않고 있습니다.

그런데 중세대학에서 이와 아울러 또 중요한 것이 하나 있었습니다. 그게 뭐냐 하면, 바로 중세 대학에는 어디에나

거의 보편화되었던 토론과 논쟁의 관습입니다. 중세의 토론하고 논쟁하는 문화는 이른바 '스콜라적 방법'(scholastic method)과 밀접하게 연관이 되어 있습니다. 예컨대 토마스 아퀴나스(Thomas Aquinas, 1224 또는 1225~1274년)의 『신학대전』(*Summa Theologiae*)을 보세요. 『신학대전』은 3부로 되어 있습니다. 1부에서는 신학, 신, 삼위일체, 창조, 천사들, 6일간의 창조, 인간, 피조물의 통치를 다룹니다.

2부 1장에서는 인간의 최종목적, 인간의 행위, 정념들, 습관들, 악과 죄, 은혜를 다룹니다. 2부 2장에서는 믿음, 소망, 사랑, 지혜, 정의, 용기, 절제 등을 다룹니다. 이어서 3부에서는 성육신, 그리스도의 삶, 성례, 세례, 견진, 성만찬, 고해성사 등을 다루고, 3부를 보완하여 나머지 다른 성사들과 부활 등을 다룹니다. 오늘에도 여전히 유효한 여러 신학 주제들을 토마스 아퀴나스는 『신학대전』에서 다루고 있습니다. 그 방법은 철저하게 묻고, 물음에 대한 답을 제시하고, 제시된 답을 하나하나 따져 본 다음, 마지막으로 합당한 답을 찾아내는 방식입니다.

여기서 중요한 것은 무엇보다도 묻는 일, '물음'(*Quaestio*)입니다. 좀 더 정확하게 말하자면 '추궁'입니다. 토마스 아퀴나스의 『신학대전』을 펼치면, 첫 번째 질문으로 '거룩한 가르침'(*sacra doctrina*, 신학)의 성격과 범위에 관한 질문이 등장합니다. 이 질문은 다시 열 가지 항목(*articulus*)으로 세분됩니다. 첫째, 신학은 필요한가? 둘째, 신학은 학문인가? 셋째, 신학은 하나인가, 여럿인가? 넷째, 신학은 사변적인가, 실천적인가? 다섯째, 신학은 다른 학문과 비교하면 어떤가? 여섯째, 신학은 지혜와 같은가? 일곱째, 신학은 하나님이 그 주제인가? 여덟째, 신학은 논변의 문제인가? 아홉째, 신학은 은유와 비유를 곧장 쓸 수 있는가? 열째, 성경에 나타난 단어는 여러 가지 의미로 해석될 수 있는가?

그러고 나서 토마스 아퀴나스는 한 항목씩 다루어 나간 다음, 이 항목들에 대한 주장들과 그것들의 반론들을 제시하여 살펴본 후에 결론을 내립니다. 예를 들어, 신학이 실천 학문인지 이론 학문인지 묻는 항목을 보자면, 아퀴나스는 신학이 실천 항목이라는 주장을 두 가지로 제시하고 그것에 대한 반대 의견을 제시합니다. 그 다음 '나는 답한다'(*Respondeo*)는 말과 함께, 신학은 이론적이면서 실천적이지만 하나님의 계시를 통해 알 수 있는 지식이기 때문에, 결국 신학은 이론적 학문이라고 결론을 내립니다(물론 이 결론은 보나벤투라나 둔스 스코투스의 답과는 대립되는 답이었지요).

여기서 우리는 토론과 논변을 통하여 문제를 구별하고 근거를 대고 참된 것을 찾아가는 과정을 한눈에 볼 수 있습니다. 이러한 방법을 라틴어로 '스콜라'(*Schola*), 곧 '학교'(이 경우에는 '대학')에서 문제를 다루는 방식이란 뜻으로 '스콜라적 방법'이라고 부릅니다. '스콜라주의'(Scholasticism)가 실천을 도외시하고 어렵기만 하다는 혹독한 비판의 대상이 되었지만, 저는 '스콜라적 방법'조차 무익한 것으로 폄하될 수는 없다고 생각합니다. 이 방법이 확대되어, 중세대학에서는 이른바 '논박'(*Disputationes*)이라고 부르는 행사를 정기적으로 실행했습니다. 신학적 문제나 철학적 물음, 또는 현실적인 물음을 내걸고 상호 논거를 가지고 주고받으면서 토론을 펼치는 문화가 중세대학에 자리를 잡았습니다.

이러한 행사가 자주 시행되면서, 나중에는 "바늘 끝에는 천사가 몇이나 앉을 수 있는가?", "하나님은 처녀성을 잃은 처녀에게 처녀성을 돌려줄 수 있으신가?", "하나님은 들 수 없는 돌을 만들 수 있으신가?"와 같은 것들이 '물음'(*Quaestio*)이라는 이름으로 제안되고, 거기에 온갖 답들이 제시되었습니다. 그래서 스콜라 신학은 사변이나 궤변에 빠진 신학이 되었다고 해서, 이른바 '번쇄신학'(너저분하고 자질구레한 신학)이라는 이름을 얻기도 했습니다. 하지만 질문과 토론 문화의 가치는 여전히 소중하다고 해야 할 겁니다.

[그림 1] 마르틴 루터

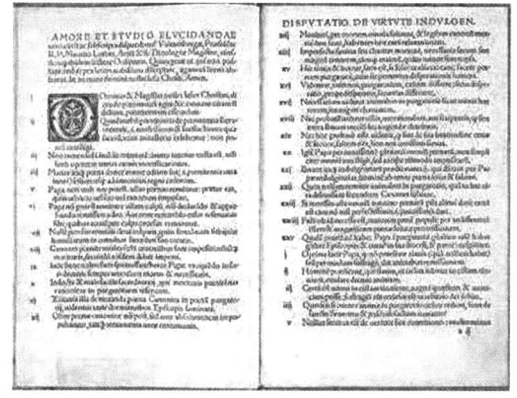

[그림 2] 마르틴 루터의 95개조의 면벌부 반박문

'논박'의 토론 주제는 대학 당국이나 교수들이 내걸 수 있었습니다. 마르틴 루터가 면벌부에 관한 95개조의 대자보를 내건 것은 바로 이 전통, 이 문화에서 나왔습니다. 중세 대학에 그러한 관행이 없었다면 아마 루터는 다른 방식으로 그의 의견을 표명했을 겁니다. 대학에서 관행화된 토론과 논쟁이 당시 교회가 저지른 잘못을 문제 삼는 통로가 되어주었습니다. 그러나 루터가 그러한 잘못을 근본적으로 깨닫고 회개해야 한다고 외치게 된 배경에는 그가 수도원에서 겪은 영적 싸움이 있었습니다.

루터에게 있던 문제는 그가 자신의 아주 사소한 죄에 대해서도 하나님의 진노를 느낀다는 것이었습니다. 진노하시는 하나님에 대한 두려움이 그를 사로잡았습니다. 그는 하나님의 사랑에 대한 확신을 필요로 했고, 회개, 곧 죄로부터 돌아서기 위해서는 자신보다는 하나님의 사랑에 집중해야 한다는 것을 알게 되었습니다. 그럼에도 해결되지 않고 그를 괴롭힌 질문은 크게 두 가지였습니다.

첫 번째는 "자신이 최선을 다하고 있다는 것을 어떻게 확신할 수 있으며, 최선을 다하고 있는 것으로 하나님의 진노를 충분히 누그러뜨릴 수 있다는 것을 어떻게 확신할 수 있는가?"하는 물음이었습니다. 확신에 관한 물음, 확실성에 관한 물음입니다. 누구도 성난 하나님의 진노를 누그러뜨릴 수가 없다는 것이 문제였습니다. 사람으로서는, 심지어 성인이라는 사람들조차도 하나님의 진노를 잠재우고 대신 사랑을 받아낼 수는 없다는 겁니다. 루터의 스승 슈타우피츠는 하나님께서 루터에게 성나신 것이 아니라 루터가 하나님께 성난 것이라 말해주었습니다. 그러면서 슈타우피츠는 루터에게 예수 그리스도의 십자가의 죽음이 우리를 구할 수 있다고 가르쳤습니다.

두 번째 물음은 "이 모든 것이 그에게 참이라는 것을 무슨 권위에 의지해서 알 수 있는가?"하는 것이었습니다. 슈타우피츠는 교회의 권위에 의지하라고 가르쳤지만, 루터의 생각은 성경의 권위에 의존해야 한다는 데로 기울었습니다. 그래서 루터는 교수생활을 시작한 직후에는 창세기와 시편을 연구하고, 당시 인문주의자들의 저서와 독일 신비신학의 전통을 파고들다가, 1515년에서 1516년 즈음에 이르러 마침내는 바울 서신을 탐구하게 됩니다.

루터는 깊이 탐구하는 학자이면서 또한 죄를 묵상함으로 하나님과의 관계에서 평화를 누리고자 한 수사이기도 했다는 사실을 잊지 맙시다. 그는 읽고, 묵상하고, 기도하고, 하나님과 씨름했습니다. 그렇지만 루터의 결론은 여전했습니다. 하나님께서는 자신을 포함한 모든 인간을 세밀하게 감찰하시고, 진노하시고, 심판하시는 분이시며, 자신처럼 하나님을 알기 위해서 엄청난 고통을 겪는 사람조차도 무자비하게 일격에 없애버리실 수 있는 분이시라는 것이었습니다. 그래서 그는 학생들에게 성경을 가르치면서, 학생들과 더불어 이 고민을 계속 이어 나갔습니다.

루터는 자신을 드러내시면서 숨으시는 하나님을 경험했습니다. 자신을 드러내시면서 동시에 숨으시는 분은 우리가 철학이나 자연 연구, 남들에게 베푸는 선행이나 신비적 연합으로 다가갈 수 없는 분이셨습니다. 그분은 오히려 베들레헴 마구간에 아기 예수로 오시고 십자가에서 범죄자로 힘없이 죽어가는 그리스도의 모습으로 오신 분이십니다. 자신을 드러내시며 숨어 계시는 하나님께서는 많은 사람들을 버리시지만, 몇몇 사람은 건지시는 분이십니다. 이렇게 자신 마음대로 선택하시는 하나님께서는 루터의 눈에 매우 잔인하신 분으로 보였습니다. 믿음을 가지고 성찬에 참여하고 하나님의 말씀을 듣는 사람은 하나님의 사랑을 받을 수 있다고 교회는 말해왔지만, 루터는 이것이 어떻게 가능한가 하는 물음을 계속 품고 있었습니다.

루터는 이와 같은 의문과 물음 속에서 마치 야곱이 얍복 강가에서 하나님과 끝까지 씨름한 것처럼 씨름했습니다. 이러한 신앙의 씨름을 루터는 라틴어로 '*텐타치오*'(tentatio), 독일어로는 '*안페흐퉁은*'(Anfechtungen), 곧 '영적 투쟁'이라고 불렀습니다. 루터가 "묵상과 기도와 영적 투쟁이 신학자를 만든다."(*Meditatio, oratio et tentatio faciunt theologum*)라고 말할 때의 '영적 투쟁'입니다. 루터는 비록 의심이 생기고 절망에 빠질 때조차도 오직 믿음만이 이 씨름, 이 투쟁을 지탱해준다는 사실을 체험했습니다.

이러한 체험을 한 루터는, 마침내 1517년 당시 면벌부 판매 전도사로 순회 활동을 했던 요하네스 테첼(Johannes Tetzel)의 활동을 그냥 두고 볼 수 없었습니다. 루터는 믿음에 근거한 참된 회개 없이 면벌부를 사는 것으로 하나님의 사랑을 얻을 수 있다고 가르치는 것이, 사람들에게서 하나님을 향한 두려움을 오히려 빼앗게 되어 하나님의 진노에 사람들을 넘겨주는 결과를 가져온다고 주장했습니다. 면벌부가 사람들로 하여금 연옥의 심판을 두려워하지 않게 해서 오히려 죄를 짓게 한다고 생각한 겁니다.

루터는 그의 주장을 담은 편지를 대주교에게 보낼 때 자신의 이름을 더 이상 '마르틴 루더'(Martin Ludher 또는 Luder)라고 적지 않고, '마르틴 루터'(Martin Luther)라고 적어서 보냈습니다. 그는 자신을 이제부터 루터, 곧 '자유로운 사람'(*Eleutherius*)이라고 부르고 싶었기 때문이었습니다. 대주교에게 편지로 보낸 주장문을 루터는 비텐베르크성 교회 문에 붙였다고 알려져 있습니다. 자신의 주장을 공개적으로 내건 이유는, 앞에서도 이야기한 대로 논쟁을 유도

하기 위한 것이었습니다. 그러나 아무도 이에 응하지 않았다고 전해집니다.

이제 제 이야기의 첫 부분을 마무리해보겠습니다. 저는 이야기를 "종교개혁이 학문과 무슨 관계가 있는가?"라는 물음으로 시작했습니다. 제가 지금까지 한 이야기에서 몇 가지 가능한 답이 제시되었다고 생각합니다. 다시 정리해보겠습니다. 저의 첫 번째 답은 이것입니다. 통상적으로 루터가 95개조의 주장문을 내건 사건을 종교개혁의 시발점으로 잡습니다. 루터가 비텐베르크성 교회의 문에 자신의 주장을 담은 대자보를 붙인 것은 토론을 이끌어내기 위한 것이었습니다. 그런데 이런 방식으로 토론을 이끌어내는 것은 당시 중세 대학의 문화였습니다.

따라서 루터의 개혁의 목소리는 학문의 자리이며 토론과 논쟁을 생명으로 하는 대학 문화의 산물이라 보아야 합니다. 교회와 관련된 일이고, 민중들의 삶과 관련된 일이지만, 루터는 이 문제를 대학에서 학문적으로 논쟁하기를 원했던 것이지요. 그런데 대학으로부터는 아무 대답이 없었고, 비텐베르크에 새로 도입된 인쇄소가 그의 주장을 인쇄해 퍼뜨리기 시작하면서 얼마 되지 않아 유럽 전역에 루터의 주장이 확산되는 결과를 가져왔습니다.

종교개혁과 학문의 관련에 대하여 저의 두 번째 대답은, 철저한 중세학문 훈련이 루터가 개혁자로 성장하는 배경이 되어주었다는 겁니다. 학문 훈련이 종교개혁의 충분조건은 아니지만, 학문 훈련 없이 그의 개혁 사상과 운동이 나올 수는 없었습니다. 루터는 중고등학교 시절에 라틴어뿐만 아니라 수사학과 논리학을 익혔습니다. 그리고 대학에서 아리스토텔레스 철학과, 개체성과 경험을 강조하는 유명론 철학을 공부하고, 논쟁과 토론 훈련을 철저히 받았으며, 성경과 고대교부들로 돌아가서 성경 원문과 교부들의 문헌을 연구한 에라스무스(Desiderius Erasmus of Rotterdam, 1466~1536년)를 열심히 읽었습니다.

그리고 무엇보다 인문주의자들의 노력으로 시작된 히브리어와 그리스어, 라틴어 연구 성과를 학습 받을 수 있었고, 성경 언어에 대한 이해를 바탕으로 문자적인 의미를 명료하게 이해하면서 성경을 제대로 읽을 수 있었습니다. 이를 바탕으로 루터는—물론 멜랑흐톤의 외삼촌 요하네스 로이흘린(Johannes Reuchlin), 베르미글리(Petrus Martyr Vermigli), 그리고 칼빈과 같은 2세대 개혁자들에 비해 히브리어 실력이 많이 떨어지기는 했지만—최선을 다해 독일인 번역 성경을 독일어를 말하는 사람들에게 선물로 줄 수 있었습니다. 이 모든 것을 합쳐도 개혁의 충분조건을 이루지는 못하지만, 학문 훈련 과정이 루터를 비롯해 개혁자들의 개혁 운동에 필요조건이 되어주었다는 사실은 아무도 부인할 수 없습니다.

루터뿐만 아니라 그와 동역했던 멜랑흐톤(Philip Melanchton 1497~1560년), 스위스의 개혁자 츠빙글리(Huldrych Zwingli, 1484~1531년), 마르틴 부써(Martin Bucer, 1491~1551년), 그리고 또한 칼빈에게도 이 점은 동일하게 적용됩니다. 왜냐하면 이들 모두가 인문학(인문주의) 훈련을 받은 사람들로서, 그리스-로마 고전 문학과 철학, 교부들의 문헌, 성경 기록에 쓰인 언어인 히브리어와 그리스어를 제대로 공부한 사람들이기 때문입니다.

세 번째로 종교개혁자들은 중세까지의 기존 학문에 더하여 르네상스 인문주의 운동을 통해서 새롭게 등장한 인문학의 영향을 받았을 뿐만 아니라, 그들 자신이 수많은 학문적 문헌들을 생산해냈습니다. 루터의 경우에는, 그의 탄생 400주년을 기념하여 1883년부터 출판되기 시작하여 2009년에 마무리된 전집(이른바 '바이마르판 전집')만 해도 127권이나 됩니다. 종교개혁자 작품집(*Corpus Reformatorum*)으로 헤아려 보면, 멜랑흐톤의 경우는 28권(1권부터 28권), 칼빈의 경우에는 58권(29권에서 87권), 츠빙글리의 경우에는 13권(88권에서 101권)이나 됩니다.

종교개혁자들은 단지 학자에 머물지 않고, 목회자이며 설교자이기도 했습니다. 그러나 그들은 한결같이 무엇보다도 먼저 학자였습니다. 여러 언어를 배웠고, 잘 쓸 줄 알았고, 제대로 말하고, 논리적으로 설득할 수 있었습니다. 그렇지만 학문 그 자체, 지식 그 자체에 빠져들지 않고, 학문의 한계를 인식하고 학문 밖의, 학문과 다른, 학문 위의 세계와 그러한 삶도 소중하게 생각했습니다.

루터의 경우에 대학에서 받은 학문 훈련과 수도원에서 몸소 체험한 경건 훈련이 서로 역설적 관계, 상호 모순 관계에 있었던 것같이 보이기도 합니다. 그러나 전체적으로 루터의 삶과 활동을 보면, 지성과 영성, 학문과 경건이 그 가운데 함께 스며들어 있었습니다. 그의 삶에는 한편으로는 끊임없는 물음과 추구가, 다른 한편으로는 확신과 신뢰가 밑바탕을 이루고 있었던 것으로 보입니다. 확신과 신뢰는 하나님께 닻을 내려 흔들림 없는 삶의 터전을 마련하게 해주었고, 물음과 추구는 반성과 수정을 가능하게 하여 한 자리에 머물지 않고 끊임없이 삶의 내용을 바꾸게 했을 겁니다.

◈ 토론을 위한 질문 ◈

1) 루터의 종교개혁이 왜 교회 안에서, 수도원 안에서 일어나지 않고 대학을 배경으로 시작되었을까요?

2) 종교개혁이 교회개혁으로만 머물지 않고 정치개혁, 사회개혁, 경제개혁으로 확장된 까닭이 무엇일까요?

3) 르네상스 인문주의와 종교개혁의 관계에 관한 문헌을 좀 더 찾아 읽어봅시다.

제2장

두 번째 물음: 학문도 개혁의 대상인가?

이제 두 번째 물음을 던져보겠습니다. 16세기 유럽에서 일어난 종교개혁은 교회개혁, 교회정치개혁, 신학개혁이 일차적이었습니다. 그런데 교회개혁, 교회정치개혁, 신학개혁이 일어나면서 삶의 모든 분야에 변화가 일어났습니다.

우선 예배의 변화가 일어났습니다. 전통적인 로마교회의 예배에서는 미사가 중심에 있었습니다. 미사는 예수님의 희생 제사를 반복하는 행위로 이해되었습니다. 이미 한번 일어났던 일을 다시 거듭 반복해서, 지금 여기에 실현하는 것이 예배라는 의식이 로마교회의 미사 의식에 반영되어 있습니다. 이러한 제도가 개혁 운동을 통하여 폐지되고 그 자리에 제사 대신 구원을 감사하고 찬양하는 예배가 들어섭니다. 그야말로 예배는 '구원의 축제'가 되었습니다. 제사를 드리는 때는 제사를 집례 하는 제사장이 중심에 있을 수밖에 없습니다. 따라서 제사장인 사제가 예배의 모든 과정을 주도하고 예배에 참여하는 성도들은 예배를 '보는' 사람이 됩니다. 그야말로 '구경꾼'처럼 예배에 참여하는 것이지요.

제2바티칸 공의회(1962~1965년) 이후 많은 변화가 있었지만, 로마교회의 예배는 제사장인 사제가 역시 중심에 있습니다. 개신교의 예배는 목사가 앞에서 예배를 인도하고 설교를 하기는 하지만, 모든 성도들이 함께 감사와 찬양에 참여하는 예배가 되었습니다. 로마교회에서 예배는 말씀의 전례보다는 '성체'를 나누는 전례가 중심에 서 있었습니다. 그런데 개신교 예배에서는 하나님의 말씀 선포가 이 자리를 대신하게 됩니다. 그리고 예배를 집례하는 사제들이 아니라 성도들이 함께 찬송을 부르게 되면서, 찬송가 가사를 쓰고, 작곡하게 되고, 찬송을 부르는 성가대의 구성에도 변화가 생깁니다.

종교개혁과 함께, 초월적 세계뿐만 아니라 먹고 잠자고 일하는 일상의 세계도 중요한 의미를 얻게 되었습니다. 원래 로마교회 성당에는 성인들의 조각상(성상)들이 많이 있었고, 성경 이야기와 기독교 전설을 소재로 한 대형 그림(성화)들이 걸려있었습니다. 그런데 교회개혁 운동이 일어나면서 대부분의 교회 예배당에서 성상과 성화가 제거되었고, 제단도 철거되고 대신 그 자리에 설교대와 성찬대가 들어섰습니다. 이와 아울러 교회의 장식은 절제되었고, 화가나 조각가가 교회와 관련하여 할 일도 크게 줄어들었습니다.

이러한 변화가 화가들의 소재 선택에 변화를 가져왔습니다. 예컨대, 로마교회가 지배하던 네덜란드 남부(현재 벨기에 지역)에서는 루벤스(Peter Paul Rubens, 1577~1640년) 같은 화가가 여전히 성경을 소재로 한 대형 그림을 그렸습니다. 그러나 종교개혁의 영향을 크게 받은 북부 네덜란드의 화가들은, 렘브란트(Rembrandt van Rijn, 1606~1669년)와 베르메이르(Johannes Vermeer, 1632~1675년)의 그림에서 보듯이 도시의 경비대나 일상의 주제들을 화폭에 등장시킵니다. 의도하지는 않았지만, 종교개혁은 이렇게 회화와 건축에도 변화를 가져왔습니다.

종교개혁을 주도한 루터는 수사였습니다. 로마교회 사제로서 서품도 받았습니다. 따라서 당연히 독신 서원을 하고 독신으로 살았습니다. 당시 사람들은 성직자로 홀로 사는 것을, 결혼하여 가정을 꾸리는 것보다 훨씬 더 값진 것으로 당연히 받아들였습니다. 그러나 루터는 로마교회에서 축

[그림 3] 렘브란트, <야경>

[그림 4] 요한 베르메이르, <델프트 거리>

출된 뒤에 수녀 출신의 여성과 결혼하게 됩니다. 루터는 가깝게 지내게 된 니콜라스 게르벨(Nicolas Gerbel)에게 보낸 편지에서 이렇게 썼습니다.

> 그대의 아내에게 키스해주고 또 해주시오. 그대의 아내가 사랑하고 사랑받게 해 주시오. 영예로운 결혼을 하

게 됨으로써 그대는 다행스럽게도 삼키는 불과 불결한 생각의 먹이가 된 독신 생활을 벗어난 것이오. …… 아무 것도 없는 곳이라 해도 결혼 생활은 낙원이라오.

결혼보다는 독신을, 분주한 세속의 삶보다는 수도원의 비활동적인 삶을 찬양하던 시대에 이런 말을 했다는 사실을 생각해보세요. 오스 기네스는 "루터는 1522년에 '결혼생활'에 관해 쓰면서, 남자가 기저귀를 갈 때 하나님과 천사들이 미소를 짓는다고 선언했다."라고 쓰고 있습니다. 종교개혁은 이런 방식으로 성과 결혼과 가정에 대한 이해를 바꾸어 놓았습니다.

그런데 학문도 개혁 대상이 되었을까요? 의도적이든 의도적이 아니든, 학문 분야에서도 '개혁'이라는 말을 붙일 정도로 변화가 일어났을까요? 교회와 예배, 그와 관련된 예술, 그리고 사람이면 누구나 몸담고 살아가는 가정처럼, 지식인들이 관여하는 학문도 개혁의 대상이었는지 물어보아야 합니다. 이와 관련하여 종교개혁이 시작된 지 1세기가 지난 뒤, 한 청교도 목사가 한 말을 들어봅시다.

> 종교개혁은 …… 모든 장소, 모든 사람, 모든 직업을

개혁하는 보편적인 것이어야 합니다. 재판석, 지위가 낮은 치안판사들을 개혁하십시오. …… 대학을 개혁하고, 도시를 개혁하고, 시골을 개혁하고, 하급학교를 개혁하고, 안식일을 개혁하고, 규례를 개혁하고, 하나님에 대한 예배를 개혁하십시오. …… 그대들 앞에는 내가 말할 수 있는 것보다 더 많은 일들이 놓여 있습니다. …… 나의 하늘 아버지가 심지 않은 식물은 모두 뿌리째 뽑히게 될 것입니다.

이 말은 토마스 케이스(Thomas Case, 1598~1682년)가 영국 의회에서 한 설교의 한 대목입니다. 이 말을 인용하고 있는 니콜라스 월터스토프를 따르면, 개혁은 이제 교황이나 사제, 그리고 의식이나 예배의 형식을 바꾸는 일에 그치지 않고, 이들의 삶의 틀을 형성하는 제도와 구조 자체를 향합니다. 케이스 목사의 말은 당시의 지도자들이 무엇을 원했는지, 그리고 세월이 지나면서 루터의 종교개혁 운동이 얼마나 광범위하고 얼마나 철저하게 여파를 미쳤는지를 잘 보여줍니다. 모든 장소, 모든 사람, 모든 직업이 여기에서 거론됩니다. 확대해서 보면 어떤 영역도, 어떤 일도 개혁의 대상에서 제외되는 것은 없습니다. 대학이나 학문도 여기서 벗어날 수 없습니다.

19세기 네덜란드의 칼빈주의를 대표하는 아브라함 카이퍼(Abraham Kuyper, 1837~1920년)는 17세기의 청교도 토마스 케이스와 비슷한 생각을 했습니다. 카이퍼는 기독교 정당을 만들어 정치개혁을 주도하고, 신문을 만들어 언론개혁을 해나갔습니다. 그리고 암스테르담 자유대학교(Vrije Universiteit Amsterdam)를 세워 학문의 영역도 하나님의 주권 아래 있음을 보여주고자 했습니다. 심지어 네덜란드 국가교회였던 '네덜란드 개혁교회'에서 떨어져 나와 새로운 개혁교회를 세웠습니다.

[그림 5]
아브라함 카이퍼

1880년 10월 20일에 암스테르담 자유대학교가 문을 열 때, 카이퍼는 '각 영역에서의 주권'(Souvereiniteit in eigen kring)이라는 제목을 단 유명한 연설을 하게 됩니다. 이 가운데 가장 유명한 구절은 카이퍼를 아는 사람이라면 누구나 알고 있을 표현입니다.

> 우리 인간 삶의 모든 영역에서 만물의 주재이신 그리스도께서 '나의 것이다'라고 외치지 않는 영역은 한 평도 없습니다.

카이퍼는 가정, 학교, 회사와 같이 사람들이 함께 어울려 사는 조직, 사법부와 행정부와 입법부와 같은 국가 기관들, 학문, 정치, 예술, 문화, 교육, 스포츠, 관광과 같은 인간의 활동들, 그 어느 것도, 그 어느 영역도, 만물을 다스리며 지배하며 통치하시는 그리스도께서 자신의 소유로 삼지 않으신 곳은 하나도 없다고 선언합니다.

그의 선언은 근대 유럽의 계몽주의 사상을 수용하던 사람들에게는 비웃음의 대상이 될 말이었습니다. 왜냐하면 당시 유럽 사회에서는 국가나 법률은 인간들의 상호 계약으로 세워진 것이며, 경제는 인간의 필요와 욕망을 따라 형성되

거래에 기초한 것이며, 예술은 인간의 창조적 자기표현이며, 학문은 인간의 자율적인 이성의 추구에 근거한 것이라는 이해가 지배적이었기 때문입니다. 그렇지만 카이퍼는 학문 활동을 하며, 그것을 토대로 고등교육을 제공하는 대학을 세웠고, 대학도 그리스도의 것이라고 보았습니다.

대학에서는 교육도 하고, 행정도 하고, 학생들은 학생 활동도 하고, 기숙사의 공동생활이나 스포츠 활동도 합니다. 그러나 이 가운데서 대학을 대학답게 하는 것은 단연 대학 수준에서 할 수 있는 학문입니다. 은행에 만일 드나드는 돈이 없고, 공장에 만들고 있는 물건이 없다면, 은행은 은행이기를 그치고, 공장은 공장이기를 그친 겁니다. 마찬가지로 대학에 만일 대학 수준에 요구되는 학문이 없다면, 대학이라고 할 수 없을 겁니다.

그렇다면 학문이란 무엇일까요? 이 물음의 답을 찾아가기 전에, C.S 루이스의 「전시의 학문」이라는 글에서 한 구절을 인용해보겠습니다.

> 페리클레스 시대의 아테네인들은 신전(Pantheon)뿐 아니라 추도 연설도 남겼습니다. 이것은 의미심장합니다. 곤충들은 다른 길을 택했습니다. 녀석들은 물질적 부와

안전한 보금자리를 먼저 추구했고, 그 보상을 받고 있는 듯합니다. 그러나 인간은 다릅니다. 사람들은 포위된 도시에서도 수학 공리를 내놓고, 사형수 감방에서 형이상학적 논증을 펴고, 교수대를 두고 농담하고, 퀘백 성채로 진군하면서 새로 지은 시를 토론하고, 테르모필레에서도 머리를 빗었습니다. 이것은 허세가 아니라 우리 인간의 본성입니다.

인간이 무엇이기에 곤충과는 다른 길을 걷게 되었을까요? 무엇이 인간으로 하여금 학문을 하게 만들었을까요? 『형이상학』 서두에서 아리스토텔레스는 "모든 사람은 본성적으로 알기를 욕구한다."(*Pantes anthrōpoi tou eidenai oregontai physei*)라고 말합니다. 학자나 지식인뿐만 아니라 사람이라면 앎에 대한 욕구, 앎에 대한 의욕이 있다는 말입니다. 만일 아리스토텔레스의 말을 그대로 시인한다면, 동서고금, 남녀노소의 차이를 떠나 사람이라면 누구나 알기를 원하고, 어느 사회나 문화에서나 '지식'이라 부를 수 있는 유산이 전승된다고 말할 수 있을 겁니다. 그럼에도 지역과 문화, 시대에 따라 앎의 원천과 방식에 대한 이해, 앎의 가치에 대한 평가, 앎을 전수하는 방식, 앎을 소유해야 할 사람이나 계층의 인정에는 차이가 있다고 해야 할 겁니다.

앞에서 저는 학문을 '배우고 묻는 일'이라고 말했습니다. '학문'(學問)이라는 한자어를 문자 그대로 풀이한 것이지요. 우리는 요리하는 법을 배우고, 요리하는 법에 대해 이것저것을 물을 수 있습니다. 그렇지만 요리하는 법을 배우고 묻는 일을 학문이라고 하지는 않습니다. 우리는 글을 읽고 쓰는 법을 배우지만, 이것이 곧장 학문이 되는 것은 아닙니다. 우리는 계산하는 법을 배우고 계산법에 관해 물을 수 있지만, 이것을 일컬어 학문이라고 하지는 않습니다. 유치원생이나 초중등학생들도 묻고 배우고, 또 묻는 일을 합니다. 그렇다고 이들의 학습 활동을 학문이라는 말로 표현하지는 않습니다.

학문은 그냥 교양이나 취미나 단순한 관심사로 하는 것이 아니라 전문적으로, 직업적인 수준에서 지적인 탐구 활동을 하는 것이라 말한다면, 여러분도 어느 정도 수긍하시리라 생각합니다. 좀 더 쉽게 말하자면, 대학에 들어가서 특정한 분야를 공부하기 시작하면서부터, 그리고 더 나아가서는 대학원과 그 이후에 대학의 학생이나 대학의 교수들이 하는 일을 통칭해서 '학문'이라 말한다고 할 수 있겠지요.

학문에는 수많은 갈래가 있고, 내용도 다르고, 방법도 다르고, 최종 목적과 쓰임새도 다릅니다. 하지만 모든 학문에서 공통적인 활동을 굳이 꼬집어보라면, '생생하고 분명한 의식과 사고를 바탕으로 알고자 하는 노력'이라 말할 수 있지 않을까 생각합니다. 좀 더 줄여서 얘기하라면, '지적 탐구'(intellectual inquiry) 또는 '지적 추구'(intellectual pursuit)라고 할 수 있지요.

'추구' 또는 '탐구'란 찾는 겁니다. 찾아서 발견하고자 하는 것이 탐구나 추구의 목적입니다. 아름다움을 찾는 활동을 '미적 탐구'라고 합니다. '지적 탐구'는 찾아 발견하고자 하되, 금이나 은이 아니라 지식을 찾아 발견하고자 하는 활동입니다. 지식은 무엇을 아는 겁니다. '아는 것'은 '모르는 것'의 반대입니다. 무엇을 알게 되면, 모르는 상태, 곧 무지의 상태를 벗어납니다.

무엇을 알게 되면, 그것이 그런 줄을 의식하고 인식할 뿐 아니라 그와 관련된 행동을 할 수 있습니다. 세는 것을 배우고 더하기와 빼기를 알게 되면, 수를 더하고 뺄 수 있게 됩니다. 논리의 규칙을 배우게 되면, 논리적으로 추론할 수 있습니다. 이 과정을 우리는 '배움'이라고 부릅니다. 모든 배움이 학문은 아니지만(예컨대 운전을 배운다든지, 뜨개질을 배운다든지 하더라도, 이것을 일컬어 학문이라 하지는 않습니다), 배움 없이, 더 나아가 생각 없이, 근거 없이, 일정한 개념 없이, 이론이나 체계 없이 학문이 존재할 수는 없습니다.

거듭 말하자면, 학문은 지적 추구이고 지적인 활동입니다. 우리는 눈과 귀와 손을 사용해 읽고 듣고 쓰지만, 학문은 무엇보다 머리로 하는 활동입니다. 그런데 머리로 하는 가장 초보적이고 기초적인 활동이 '생각'입니다. 그러므로 생각 없이는 학문이 이루어질 수 없습니다. 생각을 하려면 물어야 합니다. 물으려면 무엇엔가 관심이 있어야 합니다. 무엇엔가 관심을 두면 의문이 생깁니다. 의문은 '내가 모른다'는 자각 없이는 가질 수 없습니다. 이미 아는 사람은 알려고 하지 않고, 물으려고 하지 않습니다.

모르기 때문에, 모른다고 자각하기 때문에, 우리는 묻습니다. 묻는 사람은 물은 다음 그냥 딴 짓을 하는 것이 아니라 물음의 답을 구합니다. 그러고는 그 답이 정말 답인지 아닌지 다시 따져 묻게 됩니다. 여기에는 알고자 하는 의지와 이것저것을 가려내는 판단력이 함께 작용합니다. 고대 사람들은 이러한 활동을, 우리의 오관 가운데서도 눈의 활동과 관련된 '보기', '보는 일'에 비유했습니다.

대개 우리는 무엇이 보여야 보고, 들려야 듣고, 무엇이 앞에 있어야 만지고, 냄새가 코앞에 전해져야 냄새를 맡을 수 있습니다. 그런 의미에서 칸트가 이름 붙였듯이, 우리의 오관의 작용인 감성은 '수용성'으로 규정될 수 있습니다. 눈앞에 드러나는 것, 눈앞에 주어진 것, 눈앞에 나타나는 것을 수동적으로 보는 것을 표현할 때는 볼 '견'(見)이라는 한자를 씁니다. 이 한자는 '견학'(見學), '견문'(見聞), '의견'(意見)이라는 단어에 들어갑니다.

그런데 우리의 오관 가운데서 아마도 눈만큼 적극적이고 능동적인 것은 없을 듯합니다. '보기'는 그저 눈앞에 드러난 것만으로 그치지 않습니다. '견'과는 달리 능동적으로, 의도적으로 어떤 일이나 사물이나 사람을 볼 수 있습니다. 그때는 볼 '시'(視)라는 한자를 씁니다. 예컨대 '시찰'(視察), '응시'(凝視), '감시'(監視)에 이 한자가 들어가 있습니다. 일부러 보는 것이지요. 여기서 한 걸음 더 나아가 육신의 눈이 아니라 지적인 눈, 지성의 눈으로 보는 것도 가능합니다. 이럴 때는 한자어로 '관'(觀)을 씁니다. '관찰'(觀察), '세계관'(世界觀), '인생관'(人生觀)이란 단어 속에 나타납니다.

지성의 눈, 정신의 눈으로 지적인 대상을 탐구하고 연구하는 활동을 그리스 사람들은 '*테오리아*'(*Theoria*)라고 불렀습니다. 곧 '보기'라는 말입니다. 여기서 우리가 '이론'으로 번역하는 영어의 'Theory'라는 말이 나왔습니다. 서양의 언어들에서 '극장'을 뜻하는 말(영어 Theater, 프랑스어 théâtre 등)도 이 말과 관련이 있습니다. 다시 말하자면 학문하는 활동은 보는 활동, 관조(觀照)하는 활동, 사물의 원인과 구조, 사물의 과정과 목적을 관찰하고, 생각하고, 묵상하고, 전체의 그림을 그려보는 활동입니다.

이러한 방식으로 살아가는 삶을 그리스 사람들은 '*비오스 테오레티코스*'(*bios theoretikos*, 보는 삶, 이론적 삶)라고 불렀습니다. 세상의 번잡하고 일상적인 일들을 떠나 마치 수도원에 있는 것처럼 살아가는 태도입니다. 라틴어를 쓴 중세 사람들은 이 말을 수도원에서의 삶의 방식과 관련시켜 '*비타 콘템플라티바*'(*vita contemplativa*, 관조하는 삶, 관상의 삶)라고 번역해 썼습니다. 그래서 서양 고중세 전통에서는 학문 활동을 관조하는 삶으로 이해했습니다. 학문 활동으로 발생하는 수입, 곧 외적·물질적 유익에는 관심을 두지 않는 학문 전통이 형성된 것이지요. 16세기 종교개혁자들은 '실천적인 삶'(*bios praktikos*) 또는 '활동하는 삶'(*vita activa*)보다는, 이러한 '관조하는 삶', '이론적이고 학문적인 삶'에 더 가치를 두는 고중세 전통 속에서 자랐습니다.

그런데 다시 물어보면 좋겠습니다. 학문이란 무엇인가? 학문이 어떻게 성립되는가? 학문은 앎과 관련이 있습니다.

무엇을 안다는 것은, 그 무엇을 제대로 본다는 겁니다. 그런데 이렇게 제대로 보고 제대로 알고자 하는 노력은 알 수 있는 능력이 없이는 가능하지 않습니다. 예컨대, 소나 돼지가 철학을 하는 경우는 없습니다. 철학할 수 있는 능력, 다시 말해 묻고, 따지고, 생각하고, 반성하고, 토론할 수 있는 능력은 비록 유한하지만 인간에게만 주어져 있습니다. 수학이나 물리학이나 생물학 등도 앎의 능력이 있는 존재만이 할 수 있습니다. 이 가운데는 언어 능력, 이해 능력, 탐구 능력 등이 당연히 포함됩니다.

이것이 학문의 첫 번째 조건이라면, 두 번째 조건은 학문의 대상이 될 겁니다. 학문의 대상은 앎의 영역입니다. 사람이 알고자 하고 알아야 하는 영역으로는 눈에 보이는 것이나 보이지 않는 것, 과거와 관련된 것이나 현재 일어나는 것, 사람과 관련된 것이나 사물과 관련된 것이 있습니다. 그리고 나아가 이 모든 것들이 존재하는 이유, 근거, 목적, 의미 등 어느 하나 앎의 영역이 아닌 것이 없습니다. 나 자신을 포함하여 인간, 자연, 우주, 역사, 그리고 신 등의 모든 것이 앎의 영역이고, 학문이 추구하는 대상입니다.

그렇다면 저는 이렇게 말할 수 있다고 생각합니다. "학문에는 두 가지 조건이 있다. 하나는 앎의 능력이고, 다른 하나는 앎의 대상이다. 앎의 대상이 있더라도 앎의 능력이 없다면 학문이 존재할 수 없고, 앎의 능력이 있더라도 대상이 없다면 마찬가지로 학문이 성립될 수 없다. 앎의 능력은 학문의 주관적 조건이고 앎의 대상은 학문의 객관적 조건이다."

그런데 학문이 성립되고, 존재하고, 존속하기 위해서는 주관적 조건과 객관적 조건만이 아니라, 이 두 조건이 만날 수 있는 제3의 조건이 필요합니다. 예컨대, 학문이 가능하려면 언어가 있어야 하고, 그것이 타인과 후대에 전달되려면 문자로 기록되어야 하고, 그 기록을 유지하고 담아두는 책이나 자료가 만들어져야 되고, 그것들을 보관할 수 있는 도서관과 유통할수 있는 서점, 시장이 형성되어야 합니다. 또 책에 적힌 것을 읽고 풀어주고 가르쳐줄 수 있는 선생님이 있어야 하고, 선생님들이 가르칠 수 있는 학교(연구소)가 있어야 합니다.

그리고 좀 더 진보된 곳에는 새로운 학문을 생산하고 보존하고 전승하는 학자들, 학자들의 공동체(대학, 연구소), 이들의 글을 싣는 학술지, 학술 내용을 평가할 수 있는 체계와 같은 것들이 있게 됩니다. 제3의 조건은 물질적이고, 경제적이고, 사회적이며, 심지어는 정치적이고, 법적인 조건이라 할 수 있습니다. 이러한 조건들(언어, 문자, 책, 자료, 도서관,

서점, 학문이 유통될 수 있는 시장, 선생님, 학교, 대학, 학술지, 평가체계)을 매개로 지적 호기심, 지적 탐구심을 가진 학문 주체가 자신이 관심을 둔 학문 세계, 학문의 대상 영역을 탐구할 수 있습니다.

그런데 이 제3의 조건 가운데는, 학문이 생성되고 공동체를 이루어 꽤 오랜 기간 존속하거나 또는 쇠퇴하는 경우와 관련된 것들도 포함되리라 생각합니다. 어떤 학문 분야의 경우에는 과거의 업적이 그대로 존중받아 지식의 축적이 끊임없이 이루어지는 경우가 있습니다. 그런가 하면, 어떤 분야에서는 과거의 업적이 전혀 무가치한 것이 되어 폐기되고 전혀 새로운 지식 체계가 형성되는 경우가 있습니다.

예컨대, 플라톤이나 아리스토텔레스의 철학은 중세까지만 해도 이를 진리로 여기는 사람이 많아서, 이를 두고 엎치락뒤치락하는 많은 추종자들이 있었습니다. 지금은 이들의 철학이 주로 문헌 연구 대상으로 연구되지만, 그래도 지금도 여전히 철학적 문제를 다룰 때 영향을 미칩니다. 그런데 자연과학의 영역에서는 근대 이전의 연구들은 역사가들을 제외하고는 읽는 사람들이 없습니다. 과거의 이론은 새로운 이론으로 갱신되고, 과거의 체계는 새로운 체계로 대체됩니다.

이런 일이 생기는 방식에 대해서는 최소한 세 가지 이론이 있습니다. 첫 번째는 경험주의 전통에 근거를 둔 귀납주의적 학문 이론입니다. 이는 자연과학을 포함하는 모든 학문적인 노력을, 경험을 토대로 하는 사실에 대한 지식을 축적하는 과정으로 보는 입장입니다. 그러므로 이 입장에서는 후대의 학문이 선대의 학문보다 반드시 우월합니다. 따라서 학문을 끊임없이 앞으로 진보하는 것으로 볼 수 있습니다.

두 번째 이론은 학문을 비판적인 문제 풀이의 과정으로 보는 입장입니다. 문제가 주어지면 그 문제를 풀기 위한 해결책을 제시하고, 그 해결책을 다시 비판적으로 검토하여 배제하고, 새로운 해결책을 끊임없이 추구해가는 과정을 학문으로 보는 이론입니다. 이는 이른바 '비판적 합리주의'를 내세운 카를 포퍼(Karl Popper, 1902~1994년)의 입장입니다. 학문은 귀납주의자들이 생각하는 것처럼 경험을 토대로 커다란 집을 지어가는 과정이 아니라, 캄캄한 밤에 서치라이트를 켜고 어둠을 밝혀가는 과정이라고 보는 겁니다.

세 번째 이론은 학문 활동을 학자가 속한 학문 공동체 안에서, 그 공동체에서 통용되는 이론의 틀 안에서 주어진 퍼즐들을 맞추어가는 게임으로 이해하는 이론입니다. 대부분의 학자들은 대단한 '문제'를 풀고 있는 것이 아니라 이미 주어진 틀 안에서 발생하는 작은 '퍼즐'을 맞추어 가고 있는 것이고, 학문에서 발생하는 큰 변화는 그 틀 자체가 바뀌는 것이라고 보는 겁니다. 이러한 변화를 토마스 쿤(Thomas S. Kuhn, 1922~1996년)은 '패러다임 쉬프트'(Paradigm Shift)라 불렀습니다.

이상의 이론들은 지난 세기 과학철학에서 중요하게 다루었던 이론들입니다. 이 과정에서 드러난 것은 학문 활동은 역사적인 흐름이나 사회적 관계나 경제적 요인이나 정치적 역학 관계와 무관하지 않다는 겁니다. 학문의 주체가 학문 대상을 연구한다 하더라도, 이 가운데는 집단의 형성, 상호 경쟁, 정치적 음모, 경제적 이익 추구, 심리적 갈등과 투쟁 등의 모든 요소가 개입된다는 것이 드러난 셈입니다.

학문은 엄정한 주관성의 세계에서만 존립하는 것도 아니고, 더구나 엄정한 객관성의 세계에서만 존립하는 것도 아닙니다. 이 두 세계 사이에는 두 세계를 이어주고 그것들이 활성화되거나 감퇴하거나 하도록 매개해주는 물질적 조건과 경제적 관계, 사회적 투쟁, 역사적 과정이 있습니다. 이 과정 밑바닥에는 세계관, 인생관, 가치관이 암묵적으로 영향을 주고 있습니다. 세계관은 경제나 정치, 예술이나 교육은 물론이고, 그리고 선교학자 폴 G. 히버트(Paul G. Hiebert)의 연구에서 보듯이, 선교에도 대단히 중요한 문제입니다. 물론 학문에도 세계관은 대단히 중요합니다.

그런데 흥미롭게도 벌써 한 세기 전에 이미 아브라함 카이퍼가 종교개혁의 한 전통인 칼빈주의(개혁신학)와 학문의 관계를 논의할 때, 세계관의 중요성을 강조했습니다. 이것은 매우 중요한 통찰이었습니다. 왜냐하면 학문에서의 세계관은 학문을 하는 주체가 누구인지, 어떤 상태에 있는지, 무엇을 추구하는지, 그리고 학문의 대상이 되는 인간, 자연, 우주, 역사를 보는 관점을 제공해 주기 때문입니다. 학문의 주체와 대상을 보는 관점, 생각하는 관점이, 학문을 실제로 추구하고, 학문을 이해하고, 학문을 평가하는 데 결정적인 역할을 하게 됩니다. 카이퍼와 바빙크, 도이여베이르트가 개혁신학을 바탕으로 학문을 논의한 바를 짧게 이야기하기에 앞서, 종교개혁 당시에 일반적으로 학문을 어떻게 이해했는지를 먼저 잠시 살펴보면 좋겠습니다.

단순화시켜 이야기하면 이렇습니다. 종교개혁자들이 활동했던 시절만 하더라도 학문을 보는 데는 이중적 관점이 적용되었습니다. 이 관점은 지상적인 것과 천상적인 것, 시간적인 것과 영원한 것, 세속적인 것과 거룩한 것을 분리하는 사고방식과 관련됩니다. 지상적인 것, 시간적인 것, 세속적인 것, 그리고 우리 몸과 관련된 일상적인 것들은 모두

'자연'에 속하는 것이고, 천상적인 것, 영원한 것, 거룩한 것은 '은총'에 속하는 영역으로 생각했습니다. 만일 이런 관점에서 본다면, 학문도 두 영역으로 나누어 보아야 할 겁니다. 학문 가운데 신학만이 천상의 학문이고, 그 밖에 철학이나 법학, 정치학, 여타 인문학은 모두 지상의 학문이고 세속적인 것과 연관된다고 말이지요. 이러한 세계관을 우리는 '이원론적 세계관'이라고 부릅니다.

이원론은 아마 여러분에게도 그리 낯선 방식이 아닐 겁니다. 왜냐하면 한국 개신교도 중세적인 이원론의 영향을 넓고도 깊게 받아왔기 때문입니다. 그래서 하나님의 일, 주의 일이라고 하면 복음을 전하고, 선교하고, 교회를 세우고, 예배드리는 일로 한정하고, 성도들이 세상에서 하는 일은

[그림 6]
헤르만 도이여베이르트

모두 먹고 살기 위한 수단정도로 생각하는 사고가 성도들에게 깊이 각인되었습니다. 이러한 관점에서 신학 외에 다른 학문은 당연히 세속적인 것으로 분류하고, 그리스도인들이 이러한 학문에 관여하더라도 그 자체가 '주의 일' 또는 '하나님의 일'과 무관한 것으로 생각하게 되었습니다.

이러한 태도는 실상 종교개혁 이전의 세계관이 부지불식간에 개신교 안에도 잔존한 결과라 보아야 합니다. 이러한 경향은 사실 우리 한국 개신교 안에서 처음 생긴 것이 아니라 이미 근대 서양에서도 지속적으로 내려오고 있던 경향입니다. 이와 관련해서 잠시 헤르만 도이여베이르트의 말을 들어보면 좋겠습니다.

> 종교개혁은 참으로 성경적인 가르침의 의미에서 교회, 사회, 삶 전체를 내적으로 개혁하고자 하는 것 외에는 다른 주장을 제시할 수 없었다. 종교개혁은 신학 운동과 교회 운동에만 국한되지 않았다. 종교개혁은 순수한 성경 정신으로 돌아가자고 호소함으로써, 지상생활 전 영역을 포괄하는 총체적이고 철저한 의미에서의 성경적 동인(창조, 타락, 성령 안에서의 그리스도의 구속)의 추진력을 불러일으켰다. 종교개혁과 관련된 나라들에서는 하나

님의 은혜로 대학교육의 기본적인 개혁을 시행할 수 있는 기회가 있었다. 그러나 불행하게도 종교개혁은 이 기회를 포착하지 못했다. 교육개혁을 시도한 멜랑흐톤의 계획은 성경 정신의 영향을 받은 것이 아니었다. 그가 영향을 받은 정신은 인문주의의 문헌학적 정신이었고, 그는 이것을 루터교 교리와 일치시켜 결국에는 새로운 스콜라 철학을 생산하였다. 이 철학은 계몽주의 시대의 인본적인 세속화의 길을 준비하였다. 칼빈주의적 대학들에서는 테오도르 베자가 아리스토텔레스주의를 참된 철학으로 부활시켜 개혁신학에 적용하였다.

종교개혁은 중세 로마교회의 신학이 안고 있던 이원론(자연과 은총, 지상적인 것과 천상적인 것, 성과 속)을 극복하고, 성부, 성자, 성령 하나님께서 온 우주와 삶의 전영역을 만드신 창조주(創造主)요 주(主)이시며, 삶의 모든 영역을 구속하시는 구속주(救贖主)이시라고 고백했습니다. 또한 삼위일체 하나님께서 기뻐하시는 선하신 뜻대로 삶의 모든 영역을 거룩하게 만들고 회복하시는 성화주(聖化主)이시며, 회복주(回復主), 곧 성화와 회복의 주이심을 분명하게 고백했습니다. 하나님께서는 만유의 창조주요, 만유의 구속주이시며, 만유의 회복주이십니다.

하나님에 대한 이러한 신앙고백은 당연히 온 세상, 온 우주, 온 인간, 그리고 눈에 보이는 것이나 눈에 보이지 않는 모든 것들을 포함한 만유가 하나님의 창조로 생긴 것들이며, 하나님의 통치와 보존과 섭리와 그분의 작정과 계획 아래 있다는 고백으로 이어집니다. 하나님께서는 만유의 주이시며, 만유의 주권자이십니다. 정치나 경제, 학문, 예술, 교육, 문화와 같은 삶의 영역들, 그리고 가정이나 국가, 학교, 기업체와 같은 삶의 영역들을 통제하고 관리하는 기관들, 그리고 먹고 자고 일하고 휴식하고 생각하고 공부하는 등의 우리의 일상의 활동들 등, 어느 하나도 하나님의 창조와 떼놓는 것이 가능하지도 않고, 그러한 것은 현실적으로 존재할 수 없다는 고백이 이 속에 담겨 있습니다.

그런데 이런 삶의 영역, 삶의 기관, 삶의 활동에는 죄가 보편적으로 개입되어, 인간은 하나님의 창조를 통해서 주어지는 사랑과 은혜를 거부하고 인간 자신이 주인이 되고자 끊임없이 시도합니다. 하지만 성부 하나님께서는 인간의 그러한 시도 때문에 이 세상이 멸망하도록 버려두지 않으시고, 그분의 아들 성자 예수 메시아를 보내셔서 그를 믿는 자를 구원하시고, 성령 하나님과 더불어 이 세상을 온전히 회복하기를 원하십니다. 종교개혁은 신학적으로 보면 삼위일체 하나님을 믿는 신앙을 온전히 회복하고, 이 세상과 그 안에 있는 것들의 신앙적 의미를 온전히, 전체적으로 회복하기 시작한 사건의 시작이라고 볼 수 있습니다.

학문의 세 조건과 관련해서 저는 종교개혁을 통해서 새롭게 회복된 기독교적인 세계관이 매우 중요한 관점을 제공해줄 수 있다고 생각합니다. 다시 한번 기억을 떠올려봅시다. 학문은 앎의 주체(주관적 조건)와 앎의 대상(객관적 조건), 그리고 앎의 행위를 가능하게 하고 규제하고 소통시키는 조건(제3의 조건)가운데 존립하는 인간의 활동입니다. 그런데 종교개혁을 통해 회복된 기독교적 세계관에서 보면, 학문하는 활동인 인간과 학문의 대상이 되는 지식의 영역은 모두 하나님의 창조의 산물입니다. 성경의 가르침에 따르면, 사람도 하나님의 형상으로 지어졌습니다.

하나님의 형상을 해석하는 방식은 지난 2천 년의 기독교 신학의 역사에서 다양하게 있었습니다. 그런데 어떤 경우이든 기독교 전통에서는 하나님의 형상이 하나님께 있는 지적, 도덕적 능력과 무관하지 않은 것으로 이해되었습니다. 사람을 하나님의 형상으로 지었다고 말하는 창세기 1장을 보더라도, 하나님께서는 창조하고 말하고 의논하고 일하고 쉬는 분이십니다. 무엇보다 하나님께서는 '아는' 분이십니다. 하나님께서는 자신을 포함해서 만물을 아는 분이십니다. 이렇게 보면 인간의 지적 능력, 앎의 능력은 하나님의 지적 능력의 반영이라고 볼 수 있습니다. 인간은 보고, 듣고, 느끼고, 사물을 지각하고, 상상하고, 판단할 수 있는 존재입니다. 인간의 학문 활동은 이러한 인간의 지적 능력을 토대로 가능합니다.

학문의 주체인 인간뿐만 아니라 학문의 대상이 되는 세계, 곧 학문의 영역도 하나님의 창조의 산물입니다. 학문의 대상은 여러 가지 방식으로 나눌 수 있습니다. 현대 학문에서 통용되는 방식으로 인문학, 사회과학, 자연과학, 공학, 의학 등으로 나누거나, 전통적인 방식으로 신학, 인간학, 자연학 등으로 나눌 수 있습니다. 아니면 도이여베이르트가 했던 것처럼 존재하는 세계를 수적인 것, 공간적인 것, 물질적인 것, 생명적인 것 등의 갈래로 나눌 수도 있습니다. 중요한 것은 어떤 영역, 어떤 대상이든 간에 우리가 알려고 시도하면 알 수 있다(모든 것은 아니라 해도 어느 정도는)는 겁니다. 그런데 그 까닭이 무엇일까요? 어떻게 우리가 무엇을 알 수 있을까요? 그 근거가 무엇일까요?

요한복음은 "만물이 그로 말미암아 지은 바 되었으니 지은 것이 하나도 그가 없이는 된 것이 없느니라."라고 말합니다(요한복음 1장 3절). 이때 '그'는 '로고스'(*logos*)입니다. 조금 더 읽어보면 로고스는 육신이 되어 우리 가운데 거하시는 분입니다(요한복음 1장 14절). 그런데 요한은 육신으로 이 땅에 내려온 로고스가 만물 창조의 존재 근거이고 통로라고 증언합니다.

이 로고스는 말씀뿐만 아니라 논리, 근거, 이유를 뜻하기도 합니다. 그래서 초대교회의 교부들이나 개혁신학자 아브라함 카이퍼나 헤르만 바빙크는, 이 로고스가 하나님의 창조 세계가 합리적으로, 이성적으로 이해될 수 있는 근거라고 생각했습니다. 이 세계가 우연의 산물, 무질서의 산물이 아니라 질서의 세계요, 통일성과 안정성의 세계인 까닭은, 하나님께서 로고스로 이 세상을 창조하셨기 때문이라는 겁니다. 하나님의 존재를 인정하지 않은 아인슈타인조차도 이렇게 말합니다. "우주에 관해서 이해할 수 없는 것은 그것이 이해될 수 있다는 것이다." 우주 만물에 하나님께서 지으신 원칙과 합리성, 질서, 통일성이 없다면, 아마도 우리가 무엇을 탐구한다고 하더라도 찾아낼 수 있는 것은 많지 않을 겁니다.

이와 관련해서 우리는 카이퍼에게서 소중한 가르침을 하나 얻게 됩니다. 카이퍼는 기독교 전통 가운데서도 지적인

[그림 7]
헤르만 바빙크

활동, 곧 학문 활동을 사랑하고 크게 비중을 두었던 전통으로 단연코 개혁신앙(칼빈주의)을 꼽습니다. 개혁신앙이 학문을 사랑해 온 까닭을, 카이퍼는 하나님의 예정과 작정에 관한 개혁신앙 전통의 독특한 가르침 때문이라고 봅니다. 개혁신앙 전통의 가르침에 따르면, 하나님께서는 만세 전에 계획하시고 작정하신 분입니다. 하나님께서는 이 우주와 그 안에 있는 것들을 창조하실 때부터 통일성과 안정성과 질서를 부여하시고, 지금도 통치하시고, 보존하시고, 섭리하신다는 겁니다.

조금 어렵게 들릴지 모르지만, 1898년 미국 프린스턴 신학교에서 한 『칼빈주의 강의』에서 카이퍼가 한 말을 한번 들어보면 좋을 듯합니다.

칼빈주의는 조롱과 모욕을 받으면서도 우리의 전체 생활이 하나님께서 친히 세우신 통일성과 안정성과 질서의 지배를 받아야 한다는 굳건한 신념을 포기하지 않았습니다. 이는 칼빈주의가 자신의 세계관에서 우리 가운데, 심지어 일반 사람의 광범위한 집단에서도 장려되는 통찰의 통일성, 지식의 확고함, 질서를 요구한다는 점을 설명해줍니다. 그리고 이 명백한 필요 때문에 지식에 대한 갈구가 되살아났습니다.

이제 제3의 조건과 관련해 이야기해보겠습니다. 기독교적인 세계관에서 보면, 학문 주체인 인간과 학문 대상인 존재하는 것들 모두는 하나님의 창조의 산물입니다. 이것이 모든 학문의 기초, 시작, 조건이라 할 수 있습니다. 그런데 인간과 피조세계는 죄의 영향 아래 있습니다. 죄는 인간의 마음을 타락시키고 하나님과의 관계를 훼손시켰을 뿐 아니라, 인간 자신의 내면적 관계와 인간과 인간의 관계, 인간과 자연의 관계를 훼손시켰습니다.

그러므로 그리스도의 구속은 단순히 우리의 마음의 타락

을 그분의 보혈로 씻어 회복시키는 일일 뿐 아니라, 나와 나 자신, 나와 타인, 나와 자연의 관계도 회복시키는 일입니다. 창조가 보편적이고 죄가 보편적이듯이, 성령님 안에서 이뤄지는 그리스도의 구속도 보편적입니다. 우리는 죄로 훼손되고 왜곡된 것이 모두 그리스도 안에서, 그리스도를 통해서 회복될 것이라는 희망을 가지고 있습니다. 이것이 특별히 개혁신앙과 개혁신학의 전통에서 줄곧 가르쳐온 것들입니다. 이 관점에서 본다면, 그리스도의 구속은 무엇보다 왜곡된 우리의 지성과 이성을 바로잡는 역사를 이룬다고 말할 수 있습니다.

예수 메시아를 믿는 사람이나 믿지 않는 사람이나 모두 지성과 이성을 가지고 있고, 지성과 이성을 사용하지 않는 때가 없습니다. '지성'(知性, intellect)이란 다름 아니라 특별한 손상을 입지 않은 인간이라면 누구에게나 있는 '앎(知)의 능력(性)'입니다. 이 능력을 통하여 보고 듣고 만지는 것이 무엇인지 지각하고 판단할 수 있습니다. 우리가 주어와 동사를 사용하여 문장을 만들어낼 수 있는 것은 우리에게 지성이 있기 때문입니다. '비가 온다', '땅이 젖었다', 이런 문장을 쓸 수 있는 것은 지성 탓입니다. 지성, 곧 앎의 능력이 없다면 물기를 지닌 무엇이 하늘에서 떨어질 때, 그것이

비인지 눈인지 우박인지 구별할 수 없습니다.

'이성'은 누구나 할 수 있는 '추론 또는 추리(理)할 수 있는 능력(性)'입니다. 예컨대 '모든 사람은 죽는다'라는 사실을 지성을 통해 알았다고 합시다. 물론 어느 누구도 모든 사람을 볼 수는 없고, 당연히 모든 사람이 죽는 것을 본 적도 없습니다. 그러나 우리는 이 사람, 저 사람이 죽는 것을 보거나 들었고, 이것을 일반화해서 '모든 사람은 죽는다'는 것을 알고 있습니다.

그런데 이뿐만 아니라, 소크라테스가 돌이나 물이 아니라 사람이라는 것을 알았다고 합시다. 그렇다면 소크라테스에 대해서 또 어떤 사실을 말할 수 있을 겁니다. '모든 사람은 죽는다', '소크라테스는 사람이다'로부터 이끌어낼 수 있는 것은, 다시 말해 이로부터 '소크라테스는 죽는다'라고 추리해 낼 수 있음을 우리는 금방 알 수 있습니다. 우리는 우리에게 있는 추리 능력, 추론 능력인 이성을 사용해 주어진 문장에 담긴 내용에서 '소크라테스는 죽는다'라는 결론을 이끌어 낼 수 있습니다. 우리는 이런 방식으로 날마다, 거의 매순간마다, 믿는 사람이건 믿지 않는 사람이건, 지성과 이성을 일상생활에서 사용하고 있습니다. 이 능력이 학문에서는 어떤 다른 능력보다 중요한 능력이라는 것에는 틀림이 없습니다.

그런데 우리의 학문을 통제하고 학문을 이끌어나가는 것은 이런 능력뿐만이 아니라, 결국에는 인간을 보고, 세계를 보고, 삶의 기원과 과정과 목적을 보는 세계관이라고 해야 할 겁니다. 오늘 우리의 학문 세계를 지배하는 세계관은 크게 두 가지가 있습니다. 하나는 '자연주의'이고, 다른 하나는 '인간주의'입니다.

제가 말하고자 하는 '자연주의'는 공자나 맹자에게서나 또는 율곡이나 퇴계에게서 확인할 수 있는 동양적 자연주의, 곧 우리 주변의 자연을 숭상하고 자연 가운데 노닐며, 인간에게 천성적으로 주어진 성품이나 소질을 그대로 잘 발휘하며 살기를 추구하는 사상과는 구별됩니다. 그보다 제가 말하고자 하는 '자연주의'는 17세기 이후, 20세기와 21세기의 학문 세계를 지배하는 정신을 일컫습니다. '자연주의'를 단적으로 정의하면, '이 세상에는 신과 같은 초자연적인 존재는 없다. 존재하는 것은 모두 자연일 뿐이다.'라는 사상입니다.

만일 이러한 자연주의를 수용한다면, 우리가 흔히 '자연'이라는 말로 부르는 자연도 자연이고, 인간도 자연이고, 역사와 문화도 자연입니다. 자연주의는 자연스럽게 '물리주의'로 이어집니다. '물리주의'는 존재하는 세계에는 정신적이라 부를 수 있는 고유 영역은 존재하지 않고, 모든 것이 물질적인 것으로 환원된다는 주장입니다. 여기서 중요한 것은 과학적 방법으로 얻어내는 지식입니다. 이런 의미에서 자연주의는 다시 자연스럽게 '과학주의'의 형태를 띠게 됩니다. 진화론적 세계관은 아마 자연주의와 물리주의와 과학주의, 이 세 짝을 별 문제없이 수용할 수 있을 겁니다.

현대 학문 세계를 지배하는 또 다른 세계관은 '인간주의'라 부를 수 있습니다. 이때 말하는 '인간주의'는 영어로는 '휴머니즘'(humanism)이라고 쓸 수 있겠지만, 르네상스 휴머니즘(Renaissance Humanism), 곧 르네상스 인문주의와는 구별됩니다. 르네상스 휴머니즘은 서양 고전 언어와 문헌과 역사와 철학 공부, 그러니까 한마디로 줄여 말하자면, 고전 언어를 매개로 한 인문학 공부를 교육의 주요 대상으로 삼은 사조입니다. 그런데 20세기에 들어오면서 휴머니즘이라는 말은, 신을 배제하고 오직 인간을 우주와 삶의 중심으로 내세우는 사상이라고 정의할 수 있게 되었습니다. 이런 의미에서의 '인간주의'는 '인본주의'와 같은 말이 됩니다.

이러한 인간주의에서 인간은 물론 자기 자신의 삶과 운명을 결정할 수 있는 자유로운 의지와 능력을 가진 존재로 이해됩니다. 지성과 이성, 감성은 모두 이러한 자기 결정 의지에 기여하는 수단으로 사용된다고 말할 수 있습니다. 그리스 시대 프로타고라스가 "인간은 만물의 척도다."라고 말한 것이, 현대 학문 속에 깊숙이 들어와 있는 인간주의의 모토입니다. 인간은 어떤 문화, 어떤 지역에 따라 각각 그 지역의 문화와 사고와 관련되어 상대적으로 사고한다고 믿는 상대주의, 그리고 지역과 역사의 다양성과 마찬가지로 문화의 다양성, 사고의 다양성, 종교의 다양성, 관점의 다양성을 이야기하는 '관점주의' 또는 '다원주의'가 이러한 인간주의와 관련이 있습니다.

오늘날 많은 학자들은 어떤 학문을 하든지 자연주의 계통의 세계관(자연주의, 물리주의, 과학주의) 아니면 인본주의 세계관(인간주의, 상대주의, 관점주의)을 가지고 학문하거나, 둘을 결합하여 학문한다고 말할 수 있을 겁니다. 맑스주의(Marxism)나 페미니즘(Feminism), 탈식민주의(Post-Colonialism) 등 현대 학문에 영향을 주는 사상도 인간주의 세계관에 속한다고 할 수 있습니다. 자연주의 세계관을 가진 이들은 최근에 반인간주의(Anti-Humanism)를 취하거나 초인간주의(Trans-Humanism)를 취하거나 '인간주의 이후' 또는 '포스트휴머니즘'(Post-Humanism)을 취하고 있습니다. 현대 학문의 흐름은 한편에서는 자연을 높이고 인간을 낮추거나, 다른 한편에서 인간을 높이고 자연을 낮추거나, 아니면 둘 다 높이는 경향을 볼 수 있습니다.

그러므로 어떤 경우든 현대 학문의 주류에서는, 신의 존재를 인정하거나(유신론), 인간을 물질로 환원할 수 없는 고유한 인격적 존재로 보거나(인격주의), 심지어 물리적 세계조차 순수한 물질 존재에 그치지 않고 어떤 방식이든 창조주에게 화답하고 관계하는 존재로 보거나(일종의 비물질주의), 인간은 하나님 앞에 선 지극히 개인적인 존재이면서 '남자와 여자로' 지어진 공동체적 존재로 보거나(개인주의와 공동체주의 대립의 초월) 하는 관점은 찾아보기 힘들다고 말할 수 있습니다. 그러므로 이제 우리는 "학문도 개혁의 대상인가?"라는 물음에 어느 정도 답할 수 있는 시점에 와 있다고 생각합니다.

예, 그렇습니다. 학문도 종교개혁의 전통에서 보면 두말할 여지없이 개혁의 대상입니다. 그런데 만일 오늘날 대학에서 주류를 이루는 학문만이 유일한 학문이라고 믿는다면, 아마 이 답에 대해서 부정적인 태도를 취하게 되겠지요. 학문은 개혁 대상이기보다는 오히려 더욱 발전시키고 더욱 권장해야 할 것이라고 이야기할 겁니다. 그러나 그리스도인은 학문이 만일 학문 주체와 대상을 창조한 하나님을 부인하고 하나님의 계획과 설계를 거부한다면, 인간을 단지 물질적인 존재로 보고 정신적이고 영적인 차원을 부인한다면, 그리고 인간과 세계에 죄로 왜곡된 질서와 악의 영향이 여전히 남아있다는 것을 부인한다면, 그런 학문에 대해서 비판적인 태도를 취할 수밖에 없습니다.

그럼에도 불구하고 역사적으로 보면, 도이여베이르트가 1950년대 초반에 한탄했듯이, 종교개혁의 영향을 크게 입은 나라에서도 학문의 개혁은 제대로 일어나지 못했습니다. 우리가 배운 대부분의 학문은 사실상 창조주요, 구속주요, 성화와 회복의 주님이신 삼위일체 하나님을 인정하고 영광을 돌리는 학문이 아닙니다. 오히려 자연을 절대시하거나 인간을 절대시하는 학문이 되었습니다. 만일 종교개혁 정신이 삶의 모든 영역을 생명의 근원이신 하나님께 돌려드려 오직 그분께서만 영광을 받으시도록 하는 것이라면, 정치나 경제뿐만 아니라 학문의 영역에서도 하나님의 은혜와 사랑을 인정하고 그분께 영광을 돌리는 일이 합당할 겁니다.

19세기 후반 카이퍼와 바빙크가 이끈 네덜란드 개혁교회 전통의 교회들에서는 학문을 내적으로 개혁하라는 강한 요구가 있었습니다. 이것이 1880년에 암스테르담 자유대학교를 세운 동기였고, 1930년대에 암스테르담 자유대학교를 중심으로 도이여베이르트와 폴른호븐의 '기독교 철학' 운동을 일으킨 동기였습니다. 다시 이 운동이 북미 대륙에 영향을 주어, 복음주의권 안에서 지극히 작은 부분에서나마 기독교 지성 운동과 기독교 학문 운동을 일으켰습니다. 이 흐름을 우리는 탁월한 미국 교회사 전문가인 마크 놀(Mark Noll)의 『복음주의 지성의 스캔들』(The Scandal of the Evangelical Mind)과 조지 마스덴(George Marsden)의 『기독교적 학문연구@현대 학문세계』(The Outrageous Idea of Christian Scholarship)를 통해서 읽을 수 있습니다.

우리나라에서는 1980년대부터 기독교학문연구회와 기독교대학설립동역회가 결성되어, 기독교학문과 교육, 기독교세계관과 문화에 관심이 있는 학자들과 학생들의 모임이 활성화되었습니다. 이 두 모임은 기독교세계관동역회로 통합되어, 『월드뷰』라는 소식지와 더불어 『신앙과 학문』이라는 전문학술지를 출판하고 있습니다.

지금까지 주로 종교개혁과 학문의 개념과 성격을 살펴봄으로써 '학문도 개혁의 대상인가'를 고민해보았고, 학문도 개혁의 대상이며, 개혁신앙의 전통에서 학문의 개혁을 위해 노력해왔다는 이야기를 했습니다. 다음 장에서는 다시 조금 지난 역사로 돌아가서, 이른바 '세속학문'을 평가하는 문제를 다루도록 하겠습니다.

◈ 토론을 위한 질문 ◈

1) 학문은 학자들에게만 필요할까요? 학자 아닌 사람들에게도 필요할까요?

2) 하나님의 창조, 인간의 타락, 성령님 안에서 예수 그리스도를 통한 구속이 학문 활동과 어떤 관련이 있을까요?

3) 신구약 성경은 '지식'과 '지혜'에 대해서 어떻게 말하는지 찾아보고 토론해봅시다.

Reformed

제3장

세 번째 물음: "아테네와 예루살렘이 무슨 상관이 있는가?"

앞선 두 장에서 저는 두 가지 물음을 제시하여 이야기를 진행했습니다. 첫 물음은 "종교개혁과 학문이 무슨 상관이 있는가?"였고, 두 번째 물음은 "학문도 개혁의 대상이 되는가?"였습니다. 이제 세 번째 물음, 곧 "아테네와 예루살렘이 무슨 상관이 있는가?"라는 테르툴리아누스(Tertullianus, 160년 무렵~220년 무렵)의 질문을 놓고, 세속학문을 어떻게 보아야 할지 생각해보겠습니다.

이 물음을 대할 때 우리는 복음의 터 위에 교회가 선 지 그리 오래되지 않았던 교부 시대로 돌아가게 됩니다. 왜냐하면 지적 추구의 의미와 중요성에 대한 평가가 교부들의 저작에서 이미 시작되었고, 그것이 양극단을 형성하여 기독교 전통에 줄곧 영향을 주었기 때문입니다. 이를 살펴봄으로써 우리는 기독교 신앙과 학문의 관계에 관한 두 모형을 확인할 수 있게 될 겁니다.

이 부분을 저는 테르툴리아누스가 던진 "아테네와 예루살렘이 무슨 상관이 있는가?"하는 물음으로 시작하겠습니다. 테르툴리아누스는 북아프리카 카르타고 출신의 초기 라틴 교부였습니다. 그는 우리에게 익숙한 '신약', '구약'이라는 말을 처음 쓴 사람이고, '삼위일체'(*trinitas*)라는 말도 처음 만들어 쓴 신학자입니다. 원래 이교도 집안 출신으로 법학과 철학을 공부한 사람이며, 개종한 뒤로는 카르타고 교회의 장로로서 기독교 변증가요 논쟁가로 활동했으며, 이단들을 신랄하게 비판한 정통 신학자이면서도 나중에는 몬타누스 이단에 빠지기도 했던 사람입니다.

『장기점유(長期占有)를 토대로 한 이단자 반박』(*De prae escriptione haereticorum*)이라는 글에서 테르툴리아누스는 아테네에 들러 아테네 철학자들과 논쟁을 벌였던 바울을 언급하면서 이렇게 말하고 있습니다.

> 아테네와 예루살렘이 무슨 상관이 있는가? [플라톤의] 아카데미아와 교회가 무슨 관계가 있는가? 이단자와

그리스도인이 무슨 관계가 있는가? 우리의 가르침은 "주님은 단순한 마음으로 찾아야 한다."고 가르친 솔로몬의 회랑에서 나온다. 스토아적인 기독교, 플라톤적인 기독교, 변증론적 [곧, 아리스토텔레스적] 기독교는 쓸모없다. 예수 그리스도를 소유한 다음에는 우리에게 호기심이 필요 없고, 복음을 가진 뒤에는 탐구도 필요 없다. 우리가 [그리스도를] 믿게 되면, 그 믿음 외에는 다른 것을 믿고 싶은 마음이 없다. 무엇보다 먼저 그 분을 믿기 때문에 더 이상 믿어야 할 것이 없다.

여기서 테르툴리아누스는 믿음과 앎, 믿음과 이성을 서로 반대쪽에 놓지 않았습니다. 그는 예수 그리스도를 믿는 믿음과 그분을 아는 앎으로 모든 앎과 믿음이 충족되었기 때문에, 더 이상 무엇을 알고 무엇을 믿을 필요가 없다고 주장합니다. 그리고 그러므로 알고자 하는 호기심(curiositas), 문제를 파고들고 추적하는 탐구 활동(inquisitio)이 필요 없다고 말했습니다.

만일 이것이 옳다면, 우리는 예수 그리스도를 아는 지식 외에는 어떤 지식도 추구하지 말아야 할 겁니다. 그분을 알면 모든 것을 안다고 해야 할 겁니다. 하지만 그의 말이 옳다고 하더라도, '그를 알면 모든 것을 안다.'는 것이 무슨 뜻인가 하는 문제가 여전히 남습니다. 예수 그리스도에 대한 지식은 다른 모든 지식을 없애는 지식일까요, 아니면 다른 모든 지식을 완성해 주는 것일까요?

테르툴리아누스의 입장은 한마디로 기독교 신앙과 세상 철학 또는 세상 학문은 서로 무관하고, 만일 서로 관련시킨다면 당연히 서로 대립되는 것이라고 보는 겁니다. 그리스도인이 되었다면, 세상 철학과 세상 학문과는 이제 전혀 상관이 없다는 입장입니다. 그리스도인의 삶에는 지적 호기심과 지적 탐구가 끼어들 여지가 전혀 없다는 겁니다. 그런데 테르툴리아누스에게 성경은 "찾으라, 그리하면 얻을 것이다." 또는 "추구하라, 그리하면 발견할 것이다."라고 말하지 않느냐고 물었다고 가정합시다. 그에게서 어떤 대답을 기대할 수 있을까요? 앞에서 본 그의 글을 좀 더 읽어 내려가면, 우리는 다음 구절들을 만나게 됩니다.

> 이 말의 근거(이유, *ratio*)를 따져보자면 사안, 시간, 한계를 살펴보아야 한다. 사안은 찾아야 할 것이 무엇인지, 시간은 언제 찾아야 하는지, 한계는 어디까지 찾아 나서야 하는지를 두고 말하는 것이다. 그러므로 찾아

야 할 것은 그리스도께서 가르친 무엇이고, 발견하지 못한 동안에는 찾아야 하며, 발견할 때까지 찾아야 한다. 그런데 [그리스도를] 믿게 되었다면, 이미 발견한 것이다. 발견하지 않았다면 믿지 않았을 것이다. 발견하려는 마음이 없었다면 찾으려고도 하지 않았을 것과 같은 이치다. 발견이 찾기의 목적이고, 믿음이 발견의 결과이기 때문에 믿음을 수용한 것은 찾기와 발견을 더 연장하는 것을 막는다. 찾는 것을 발견했으므로 이제 더 이상 찾아 나설 필요가 없다.

테르툴리아누스의 논의는 매우 논리적입니다. 만일 우리가 무엇을 믿는다고 합시다. 그렇다면 무엇을 이미 찾았다는 뜻입니다. 왜냐하면 무엇을 찾아 발견하지 않았다면, 무엇을 믿을 수 없기 때문입니다. 이런 의미에서 만일 우리가 예수 그리스도를 믿었다면, 우리는 이미 찾아 얻은 사람, 이미 발견한 사람입니다. 그러므로 우리는 더 이상 진리를 찾아 헤매고 돌아다니는 '구도자'가 될 필요가 없습니다. 더 이상 구도자가 될 필요가 없기 때문에 탐구심을 가질 필요도 없다는 말입니다.

그렇다고 해서 테르툴리아누스가 그리스도인이 신앙의

문제를 이성적으로 따지고, 찾아보고, 탐구하는 것을 배격하지는 않는다는 것을 이 맥락에서 언급을 해두어야 하겠습니다. 테르툴리아누스는 "만일 올바른 호기심의 형식이 올바른 질서 안에 머문다면 의심의 여지가 있어 보이는 것, 또는 모호하게 보이는 것들에 대해서 마음껏 얼마든지 탐색하고 토론하고 호기심을 충분히 만족시킬 수 있다."라고 말합니다. 만일 우리가 그리스도를 믿는 신앙에 속한다면, 호기심과 지적 탐구는 신앙 안에서 정당하다고 보는 겁니다.

이처럼 테르툴리아누스는 신앙 안에서 이성을 사용하고 지식을 추구하는 것을 반대하지 않습니다. 오히려 그 자신도 논리와 추론에 뛰어나다는 것을 몸소 보여주었습니다. 그가 문제로 삼은 것은 신앙 없는 사람, 진리를 모르는 사람, 어둠에 속한 사람들로부터 무엇인가를 배우려고 애쓰는 일이었습니다. 테르툴리아누스는 만일 지적으로 추구하고 올바르게 배우고자 한다면, 가까운 신앙의 친구에게, 지식의 은사가 있는 형제에게 배우는 것이 좋다고 충고하고 있습니다.

그런데 여기서 물음이 생깁니다. 우리가 자라온 과정을 돌아보면, 우리는 신앙 없는 분들에게서도 많은 것을 배웠고, 그분들로부터 받은 배움이 모두 무익했다고 말할 수가 없습니다. 우리가 알아야 할 모든 것들을 우리가 신앙을 가진 사람들에게서만 배운 것이 아닙니다. 따라서 기독교 신앙이 없는 사람들에게 배운 유익한 것들을 어떻게 이해하고 평가해야 할 것인지가 여전히 문제로 남습니다.

테르툴리아누스와는 다른 입장을 북아프리카 알렉산드

[그림 8]
테르툴리아누스

[그림 9] 알렉산드리아의 클레멘스

리아에서 활동했던 클레멘스(Clemens Alexandrinus, 150년 무렵~215년 무렵)에게서 확인할 수 있습니다. 클레멘스는 기독교 신앙이 이교도의 철학이나 학문과 대립되기보다는, 오히려 그것을 껴안으면서 동시에 넘어섰다고 보는 입장이었습니다. 테르툴리아누스의 입장이 대립론 또는 배제론이라면, 클레멘스의 입장은 포용론입니다. 클레멘스는 이렇게 말합니다.

> 철학은 주께서 그리스 사람들을 부르시기 전, 직접, 그리고 무엇보다도 [다른 것에] 앞서, 주님께서 그리스 사람들에게 주셨다. 율법이 유대인들에게 그리스도에 앞서 했던 것처럼 철학이 그리스 사람들의 정신을 키워주었다.

이것은 이스라엘 사람들이 마침내는 그리스도께로 인도되기에 앞서 율법이 예비적인 역할을 했던 것처럼, 고대 그리스 철학은 그리스인들과 로마인들을 의로운 삶을 살도록 훈련시킴으로써 그리스도께로 인도하는 디딤돌이 되었다고 보는 입장입니다. 그런데 디딤돌의 역할은 두 가지 다른 방식으로 받아들일 수 있습니다. 역할 폐기론이 될 수도 있고, 다르게는 역할 잔존론이 될 수도 있습니다. 마치 율법이 그리스도께서 오신 뒤로는 쓸모없이 되었다고 보는 입장과, 그리스도께서 오신 후에도 율법은 여전히 그 선한 기능은 유지하고 있다고 보는 입장이 있을 수 있는 것과 마찬가지입니다. 클렌멘스는 역할 잔존론을 지지합니다.

클레멘스의 역할 잔존론에는 신학적 배경이 있습니다. 클레멘스는 하나님께서 모든 선과 모든 참, 모든 진리, 모든 지혜의 원천이라 보았습니다. 어떤 행위가 만일 선하다면, 그 행위의 선함은 결국 모든 것의 근원이신 하나님께 뿌리를 내리고 있듯이, 어떤 것이 진리라면, 어떤 것이 지혜를 보여준다면, 그 진리, 그 지혜는 결국 하나님으로부터 온 것이라고 보는 입장입니다. 왜냐하면 하나님께서만 참이시고 지혜이시기 때문입니다. 클레멘스는 그래서 우리가 어디서든 간에, 이방인에게서라도 참된 것을 발견하면, 그것은 곧 하나님으로부터 오는 것이므로 믿을 수 있다고 보았습니다. 살인자에게 있건, 도둑에게 있건 간에 진리는 진리이고, 모든 진리는 오직 유일한 진리의 원천이신 하나님을 떠나서는 나올 수 없다는 겁니다.

그러므로 클레멘스는 그리스도교 신앙 밖에서라도 만일 참된 것이 발견된다면, 하나님의 진리로 수용할 수 있다는 입장을 보입니다. 클레멘스의 입장은 '진리는 하나다'(μιᾶς τῆς ἀληθείας)라는 말로 잘 드러나 있습니다. 우리가 아는 것들은 모두 일부분에 지나지 않지만, 이것들은 결국 하나님 안에서 전체를 이룬다고 보는 겁니다. 위튼 대학의 아더 홈스(Arthur F. Holmes) 교수의 표현을 빌리자면, "모든 진리는 하나님의 진리이다."(All truth is God's truth)입니다. 누가 발견했든, 누가 깨달았든 상관없이 진리는 모두 결국 하나님의 진리라는 겁니다.

저는 '진리는 하나다'라고 하는 클레멘스의 입장은 '그리스도 중심적'(Christ-centered)이라고 볼 때 훨씬 더 잘 드러난다고 생각합니다. 왜냐하면 그가 진리가 하나라고 할 때, 참된 진리이시고 지혜이시고 만물의 연원이 되는 로고스이신 그리스도를 통해, 모든 참된 것, 선한 것이 하나님께 집중되기 때문입니다. 비록 그분을 모르는 사람들에게는 인정받지 못한다고 하더라도, 그리스도께서 모든 진리 사건의 배후이고 원천이시라고 보는 겁니다. 교회 밖에 머물렀고 끝까지 세례를 받지 않았는데도 스스로를 그리스도를 따르는 사람으로 보았던 프랑스 여성 철학자 시몬느 베이으(Simone Weil)가 있습니다. 그는 고대 그리스 서사시인『일리아스』를 읽으면서, 또한 고대 인도의『바가바드 기타』를 읽으면서 그 가운데서 '그리스도를 본다'고 말했습니다. 이

것도 클레멘스의 주장과 연결이 될 듯합니다.

저는 클레멘스의 입장은 이방 학문을 그리스도를 통해 되찾아서 하나님의 진리를 하나님의 진리답게 전환시키는 사명이 그리스도인 학자에게 있다고 보는 것이라고 생각합니다. 따라서 '참된 철학'(ἡ φιλοσοφία ἡ ἀληθής)을 한다는 것은, 이방인들이 훔쳐간 것을 되찾아서 그들이 일면적으로, 부분적으로 본 것을 전체적으로, 그리스도 중심으로 제대로 철학을 한다는 뜻이 됩니다. 여기서 우리는 비기독교인들의 학문, 또는 세속 학문에 대한 클레멘스의 입장을 분명하게 볼 수 있습니다.

클레멘스의 논의에서 흥미로운 점은 지식 추구의 동기와 관련해서 '자기 사랑'과 '하나님 사랑'을 들고 있다는 겁니다. 클레멘스는 사람들이 철학으로 사물을 그려내고 접근할 때 위와 아래와 가운데 있는 것들의 위치를 보존하면서 어떤 것은 가깝게, 어떤 것은 멀게, 어떤 것은 희미하게, 어떤 것은 선명하게 그리는 화가처럼 지혜를 그려내기는 하지만, 늘 '자기 사랑'을 따라 그려낸다고 지적하고 있습니다. 자기 사랑은 모든 오류의 원인이 됩니다. 개별적인 것을 보편적으로 본다든지, 섬김의 자리에 있는 존재를 주로 삼는다든지 하는 오류가 빚어진다는 것이지요.

클레멘스는 스스로 참된 진리의 원천이시요, 참된 선생님이시요, 로고스시며 지혜이신 하나님을 통해서 알고 하나님을 사랑할 때, 비로소 참된 철학이 가능하다고 생각했습니다. 라틴 신학을 통합한 아우구스티누스(Augustinus)는 이 '자기 사랑'과 '하나님 사랑'의 대립을 도입하여 신국과 지상 왕국을 구별하는 기준으로 삼았습니다.

이제 우리는 세상 학문에 대한 초대 교부의 입장을 통해서 두 가지 서로 다른 관점을 확인할 수 있었습니다. 한 입장은 하나님의 말씀인 성경을 이해하고 알아가는 데 세상 학문과 지식이 유용하다고 인정하면서도, 그 범위를 넘어서서 세상 학문에 적극적으로 참여할 필요는 없다고 보는 테르툴리아누스의 입장이었습니다. 다른 입장은, 모든 진리는 결국 하나님의 진리이기 때문에 세상 학문에 참여하고 세상 사람들과 더불어 학문하되, 모든 진리가 하나님의 진리답게 되도록 그리스도 중심적으로 사고해야 한다는 클레멘스의 입장이었습니다. 어느 입장을 따르는가에 따라 기독교 학교, 기독교 교육, 기독교 학문에 대해서 각각 다른 입장을 취할 수밖에 없습니다.

지식과 진리를 이해하는 방식에서 테르툴리아누스와 클레멘스는 중요한 차이를 보입니다. 클레멘스는 진리를 누군가에게 소유되지 않은 일종의 '얼굴 없는 진리'로 보고 있는 반면, 테르툴리아누스는 언제나 '누군가의 진리'로 보고 있습니다. 이와 관련이 있지만 따로 떼어 말하자면, 테르툴리아누스도 진리는 오직 하나라고 보되, 예수 그리스도께서 곧 진리시라고 본 반면, 클레멘스는 진리는(엄밀히 말해서 '진리들은') 하나이되, 강물이 여러 줄기를 따라 하나의 저수지에 이르듯이 다양한 방식으로 드러난다고 보는 입장입니다.

클레멘스는 만일 진리가 있다면, 그것은 그것의 소유자의 정체와는 상관없이, 도둑이 소유했건 선한 이가 소유했건 간에 진리라고 생각합니다. 예컨대, 상대성 이론이 진리라면, 그 이론을 아인슈타인이 이해했건 어떤 강도가 이해했건 간에, 아니면 아이슈타인이 선한 사람이든 악한 사람이든 상관없이 그것은 진리일 뿐이라고 주장하는 것과 같습니다. 동일한 방식으로 예컨대 칸트의 도덕철학을 참된 것으로 수용한다면, 아니면 적어도 정언명법이 도덕의 근거가 되는 규칙임을 수용한다면, 칸트가 그것을 스스로 지켰는가 지키지 않았는가 하는 그 개인의 삶과는 상관없이, 그의 도덕철학 또는 정언명법은 진리라고 주장할 수 있습니다. 이것은 지식의 객관성, 보편성, 탈인격성을 주장하는 철학자들이 주장하는 관점입니다. 20세기에 그 대표적인 경우를 찾아보자면, 앞에서 잠깐 언급한 사람이지만, 아마 '인식 주체 없는 인식론'을 내세운 카를 포퍼의 경우를 들 수 있을 겁니다.

만일 클레멘스가 옳다면, 그리스도인 학자는 하나님에 대해서, 인간과 자연에 대해서, 역사와 문화에 대해서 하나님의 말씀에서 배운 것 외에도, 사람이라면 누구나 관심을 둘 문제에 대해서 지적으로 추구하는 작업을 해나가야 할 겁니다. 모든 진리는 결국 하나님의 진리이기 때문에, 오늘날의 학문 분류를 따라 말한다면, 신학을 하든지, 인문학을 하든지, 사회과학을 하든지, 아니면 자연과학이나 공학을 하든지 간에, 지적 작업에 참여하는 사람은 그가 그리스도인이든 아니든, 결국에는 하나님의 진리를 탐구하고 축적해 가는 일에 다 같이 참여하고 기여하는 것이 됩니다. 여기에는 두 가지 사실을 덧붙일 필요가 있습니다.

첫째는 클레멘스가 예수 그리스도를 알면서 진리를 탐구하는 사람은 그렇지 않은 사람보다 원칙적으로 훨씬 더 완전하고 전체적인 학문을 할 수 있다고 보았다는 겁니다. 왜냐하면 그리스도인은 그리스도께 얻은 지혜로 과거와 현재와 미래의 지평에서 보이는 것과 보이지 않는 것을 볼 수 있는 관점과 시야가 있고, 하나님을 사랑하고 자신의 이성과 영혼을 바르게 세워가는 훈련으로서 지적 추구를 할 수 있다고 보았기 때문입니다.

둘째는 "모든 진리는 하나님의 진리이다."라고 했다고 해서, 클레멘스가 포퍼와 같은 객관적 인식론을 수용했던 것은 아니라는 사실입니다. 모든 진리가 한 개인의 주관적 생각이나 판단에서 나오는 것이 아니라는 점에서 진리가 '외모를 취하지 않는다'고 말할 수는 있지만, 그러나 클레멘스는 진리는 그 원천에서 볼 때 언제나 '하나님의 진리'이기 때문에, 인격적인 하나님을 떠나서는 진리를 말할 수 없다고 보았습니다. 이것이 클레멘스가 '얼굴 없는 객관적 인식'을 주장하는 철학자들과 구별되는 점입니다.

하나님을 모르는 사람들은 진리를 안다고 해도 하나님을 인정하지도, 감사하지도 않습니다. 이와는 달리 만일 그리스도인이 진리를 알았다면, 그는 그 진리가 하나님께서 주신 선물임을 알고 하나님께 감사와 영광을 돌릴 수밖에 없습니다. 탐구한 내용과 결과가 동일하다고 하더라도, 그것을 알게 해주신 하나님께 영광을 돌리는가 그렇지 않는가 하는 점에서 차이가 생깁니다. 하나님께 영광이 돌려질 때, 진리는 그리스도인을 통해서 '하나님의 얼굴에서 우러난 진리'로 인정될 수 있을 겁니다. 이때 지적 추구는 얼굴 없는 객관적 진리 추구에 그치지 않고, 찬양이 되고 감사의 행위가 될 겁니다.

만일 이러한 정신에서 본다면, "모든 진리는 하나님의 진리이다."라는 말은 "모든 참된 지식이나 진술 또는 주장은 결국 하나님께 기원을 두고 있다."는 뜻으로 받아들여야 한다고 생각합니다. 칼빈도 디도서 주석에서 이렇게 말합니다. "세속 저작들을 사용하기를 거부하는 것은 미신적이다. 왜냐하면 모든 진리는 하나님의 진리이기 때문이다. 만일 경건하지 못한 사람이 참된 것을 말한다면, 우리는 그것을 거부해서는 안 된다. 왜냐하면 그것 또한 하나님으로부터 왔기 때문이다."

하나님께서 우리 앞에 세계를 펼쳐 주셨고, 우리에게 세계를 보고 듣고 판단하고 인식할 지적 능력(감성, 상상력, 지성, 이성, 판단력)을 주셨고, 타인과 의사소통할 수 있는 언어 능력을 주셨습니다. 이 때문에 결국 우리가 우리 능력을 통해 사물이나 사실, 인간이나 자연에 대해서 어떤 참된 것을 발견했다면, 이것들은 결국 그분 자신이 진리이시고 우리를 그분의 모습을 따라 지으신 하나님께 기원을 두고 있다고 말해야 할 겁니다. 우리가 세상 사람들과 함께 인문학을, 자연과학을 할 수 있는 근거도 바로 여기에 있습니다.

그러나 한편 앞에서 보았듯이, 테르툴리아누스는 "아테네와 예루살렘이 무슨 상관이 있는가? 아카데미아와 교회가 무슨 관계가 있는가? 이단자와 크리스천이 무슨 관계가 있는가?"라고 묻습니다. 장소, 기관도 중요하지만, 근본적으로 중요한 것은 '이단자'와 '그리스도인'의 차이입니다. 누구에게 속하는가, 누구에게 존재의 뿌리를 내리고 있는가 하는 것이 우리가 진리라고 부르는 것과 관련해서 중요하다고 생각하기 때문입니다. 만일 그렇다면 아무리 어떤 것이 진리인 것처럼 보일지라도, 이단자나 무신론자의 주장을 진리라고 받아들일 수는 없을 겁니다.

그래서 테르툴리아누스에게는 '누가 가진 진리인가' 하는 것이 중요했습니다. 예수 그리스도 그분께서만 진리이시기 때문에, 그분을 믿고 순종하는 사람은 진리를 소유한 사람이 됩니다. 그러므로 어떤 것이 진리라는 이름으로 유통된다면, 그것이 누구에게서 나왔는지를 확인하는 일이 무엇보다도 중요합니다. 결국 중요한 것은 사람입니다. 진리를 말하는 사람이 그리스도께 속한 사람인가 그렇지 않은가 하는 것이 중요합니다. 그래서 테르툴리아누스는 이단자들에게는 심지어 성경을 인용하여 말할 자격조차도 없다고까지 강하게 이야기하고 있습니다.

만일 테르툴리아누스가 옳다면, 그리스도인 학자에게는 철학서를 읽고 역사서를 읽고 문학 작품을 읽으면서, 그것을 쓴 사람이 누구이며, 무슨 동기로, 어떤 의도로 그렇게 쓰고 말하는가를 규명해내어, 그가 참된 길로 인도하는지 그렇지 않은지를 가려내는 일이 중요한 과제가 될 겁니다. 말하자면 자기 자신과 교회 공동체를 세속의 삶과 사고방식에 물들지 않도록 지키는 임무가 그리스도인 학자에게 있다고 할 수 있습니다. 넓은 의미에서의 문화 비평이라 할 수 있는 인문학적 작업이 교회 공동체를 위해서 필수적인 작업이 될 겁니다.

저는 테르툴리아누스가 예수 그리스도 안에서 발견한 진리가 유일한 진리라고 통찰한 것에 동의합니다. 우리가 '진리' 또는 '참'이라고 이야기할 대상은 오직 삼위이시며 한 분이신 하나님밖에 없습니다. 그 밖에 우리가 '세상은 하나님께서 창조하셨다', '그리스도를 통하여 사람들은 하나님과 하나 됨의 복을 누린다', '한국의 수도는 서울이다', '2 더하기 2는 4이다'와 같이 표현되는 명제들도 '참된 명제', 또는 '참된 주장'이라는 이름을 얻을 수 있습니다. 그러나 이것들이 모두 '진리'라고 말하는 것은 우리의 직관에도 맞지 않습니다. '모든 사람은 죽는다'라는 문장도 같은 의미에서

'참된 문장'이고 '참된 주장'이라고 할 수 있지만, '진리'라고는 할 수 없습니다.

하나님 한분께서만 진리이십니다. 그분께서만 선하시고, 그러므로 우리는 그분만 신뢰할 수 있습니다. 그 외에 '진리'라는 말을 사용하는 경우는 일종의 파생적인 개념으로 쓴 것이라고 할 수 있습니다. 여러 것들을 진리와 관련지어 이야기할 수 있습니다. 그러나 저는 단 한 가지 경우, 곧 하나님께서 보여주신 것 외에는, 다른 모든 것들은 '참'이라는 말을 거기에 붙인다고 하더라도 모두 파생적인 의미에서의 '참'일 뿐이라고 해야 한다고 생각합니다.

만일 이러한 논의를 수용한다면, 지적 추구를 통해서 우리가 추구하는 '진리' 혹은 '참'은 이런 의미에서 명사적인 것(진리, 참, truth)이 아니라, 형용사적인(참된, true) 지식이거나 부사적인(참으로, truly) 서술과 관련해서 보아야 하지 않을까 생각합니다. 예컨대 "지금 비가 오고 있어."라고 한다면, 이 문장은 지금 비가 온다는 사실을 서술하고 있는 겁니다. 이럴 경우, 만일 지금 비가 오고 있다면, "지금 비가 오고 있어."라는 문장은 참인 문장이라고 말할 수 있습니다. 참이냐 거짓이냐 하는 것은 비가 오는지의 여부에 따라 결정될 겁니다. 만일 이 진술이 옳다면, 그것이 참이고, 옳지 않다면, 참이 아니라고 말할 수 있을 겁니다.

만일 이렇게 본다면, 철학이나 문학, 또는 역사학과 같은 인문학이 무엇을 추구하는지를 물어볼 수 있습니다. 인문학이 진리를 추구한다고 이야기하지 않나요? 저는 궁극적으로 모든 학문은 '진리'를 추구한다고 믿습니다. 그러나 공학을 하는 분이나 법학이나 심리학과 같은 사회과학을 하는 분들은 곧장 고개를 갸우뚱할 겁니다. 사실은 인문학자도 마찬가지입니다. "우리가 언제 진리를 추구한 적이 있어?"라고 스스로 묻거나, 동료학자에게 그렇게 물어볼 겁니다.

방금 한 논의를 토대로 해서 보면, 어떤 학문도 사실은 현실적으로 '진리 자체'를 추구하지는 않습니다. 그러나 적어도 참된 지식, 참된 서술, 아니면 적어도 참된 이해를 추구한다고 말하는 데는 동의할 겁니다. 그렇지 않다면 그것이 어떤 방식으로 진행되든 지식과 무관할 것이고, 만일 지식과 무관하다면 학문이라고 부를 수는 없습니다. 지식이 모두 학문이 되는 것은 아니지만, 학문은 참된 지식, 참된 진술을 포함하고 있어야 할 겁니다.

그러나 가만히 생각해보면 문학이나 역사, 철학이 동일한 방식으로 참된 진술을 얻어내는 것이 아닐뿐더러, 예컨대 문학 안에서도 동일한 방식으로 참된 진술을 얻어내는 것은 아닙니다. 문학도 창작의 경우와 비평의 경우가 다릅니다. 비평은 일정한 비평 이론에 따라 작품을 논의하고 따져나갈 수 있습니다. 문제는 비평의 틀이 어떤 것인가 하는 겁니다. 작가의 의도를 중시하는 입장인가(테르툴리아누스가 중요하게 생각한 것), 텍스트의 의미를 중시하는 입장인가(클레멘스, 오늘날 폴 리쾨르 등이 중시하는 비평), 아니면 독자의 이해, 독자의 수용을 중시하는 입장인가(수용미학의 방법)에 따라, 저자의 의미(*intentio auctoris*), 텍스트의 의미(*intentio textualis*), 독자의 의미(*intentio lectoris*) 가운데 어느 하나를 강조하는 방식으로 작품을 읽고 평가할 수 있습니다. 그러므로 참된(또는 좋은) 비평이란 어떤 것인가 하는 물음을 던져볼 수 있습니다.

창작의 경우 그려내고자 하는 현실은 허구이지만, 그 허구가 상상력을 통해 현실보다 훨씬 더 현실의 성격을 참되게 그려낼 수가 있습니다. 허구가 아닌 사실을 그려낸 작품이라고 해봅시다. 이 경우, 우리는 작품을 어떻게 읽어야 할까요? 만일 어떤 작품이 어떤 사건에 관한 기록이라면, 사실이 맞는지의 여부가 중요할 겁니다. 그러나 어떤 작품이 신문 기사가 아니라(신문 기사조차 창작에 가깝게 작성될 경우가 있지만) 적어도 문학작품이라면, 단순히 사실과의 일치 여부 못지않게 작품의 구성, 문장, 독자에게 가져오는 효과 등이 모두 아우러져 빚어내는 결과에 따라 평가할 수 있지 않을까 생각합니다.

그렇다면 '참된'(또는 이에 따라오는 '좋은') 작품은 하나의 조건(예컨대 '사실이 맞음')만으로 설명할 수 없게 될 겁니다. 이러한 점이 인문학에서 어떤 주장이나 설명, 이론에 '참된'이라는 서술어를 붙일 때, 사회과학과 자연과학에서보다 훨씬 더 많은 조건을 요구하는 까닭이 아닐까 생각합니다. 예를 들어, 단순화를 무릅쓰고 초보적인 화학에 관해서 말하자면, "물은 수소 원자 두 개와 산소 원자 하나로 구성되어 있다."라고 말한다고 합시다. 이 경우에는 사실이 그러한지의 여부가 중요합니다. 그러나 김현승 시인의 시 <눈물>에서 이야기하는 '눈물'이 같은 물이기는 해도, 화학 지식만으로 이 시의 참됨(나아가서 좋음)에 대해서 이야기할 수는 없습니다.

> 더러는
>
> 옥토(沃土)에 떨어지는
>
> 작은 생명(生命)이고저……

흠도 티도,

금가지 않은

나의 전체(全體)는 오직 이뿐!

더욱 값진 것으로

드리라 하올제,

나의 가장 나아중 지니인 것도

오직 이뿐!

아름다운 나무의 꽃이 시듦을 보시고

열매를 맺게 하신 당신은,

나의 웃음을 만드신 후에

새로이 나의 눈물을 지어 주시다.

- 김현승, <눈물>

여기서 시가 드러내는 참됨은 자연과학이나 사회과학을 통해 드러낼 수 없는 참됨일 겁니다. 이 시에서는 죽어야 사는 생명의 현상을 고스란히 받아들이면서도 아들을 하나님께로 보내야 하는 아버지로서는 피할 수 없는, 마치 이삭을 제물로 바치라는 명령을 받은 아브라함의 비탄과 슬픔 같은 것이 드러납니다. 그러나 그럼에도 또한 하나님에 대한 깊은 신뢰가 드러납니다. 시인이 경험한 현실의 드러남, 시인의 현실과 시인의 표현 사이의 공명이 읽는 사람으로 하여금 시인이 경험한 현실에 참여하고 함께 공감하도록 초대하고 있습니다.

시를 포함한 인문학적 글 읽기는 텍스트를 매개로 저자와 독자 사이의 삶의 나눔이 발생하는 현장이라 할 수 있습니다. 저자의 의미와 텍스트의 의미, 그리고 독자의 의미가 동떨어질 수 없이, 텍스트를 읽는 가운데, 이야기를 하는 가운데, 해석하는 가운데, 때로는 가까운 가운데서 지평 융합을 이루면서, 때로는 융합 없이 빗겨가면서, 일정한 이해와 공감을 산출시킵니다. 그렇다면 끝으로, 이런 방식으로 지적 추구를 하는 것이 그리스도인다움과 무슨 연관이 있는지를 생각해보겠습니다.

◆ 토론을 위한 질문 ◆

1) 테르툴리아누스와 클레멘스의 주장을 정리해봅시다.

2) 개혁신학 전통에서 이야기해온 '일반은총'(common grace, 보통은혜, 공통은혜)은 테르툴리아누스와 클레멘스의 대립된 논의에서 어떤 자리를 차지할까요?

3) 그리스도인 학자를 그리스도인 학자답게 하는 것은 무엇인지 토론해봅시다.

Reformed

나가면서

그리스도인 학자와 하나님 나라

　그리스도인이든 비그리스도인이든 '학자'는 '배우는 사람'이고 '공부하는 사람'입니다. 그런데 '공부'(工夫)가 무엇인가요? 중국말로는 '힘써 애쓴다', '노력한다', '추구한다'는 뜻을 담고 있습니다. 그래서 애써 하는 것은 사실 모두가 공부가 될 수 있습니다. 우리 전통에서는 절에서 참선하는 스님들이 자주 쓰는 표현입니다. '참선 공부', '마음 공부' 같은 말에서 시작하여, 나중에는 유교 전통에서도 '몸 공부', '글 공부', '사람 공부'와 같이 확장되어 왔습니다. 우리가 학교에서 하는 공부는 대부분 글 공부가 되는 셈입니다. 글을 공부하면서 글을 통해 하는 공부이기 때문입니다.

　선불교 전통이나 한국 유교 전통은 모두 공부의 자리로

서 일상을 강조하므로, 일상생활의 모든 행동거지가 공부의 수단이 되고 공부의 대상이 되었습니다. 일어서고 앉는 것에서부터 시작하여, 옷 입고, 걷고, 말하고, 사람들을 대하는 모든 것이 공부입니다. 불교와 유교 전통에서는 이것들과 더불어 글 공부를 함께 강조해왔습니다. 이런 글 공부 전통에서 우리는 교회에서 어릴 때부터 '성경 공부', '공과 공부'라는 말을 들어왔습니다. 그러나 예배라든지, 찬송이라든지, 전도라든지, 기도라든지 하는 것에 대해서는 '공부'라는 말을 붙이지 않았습니다. 그만큼 공부란 말이 대개 글자를 매개로 한 공부로 한정되었기 때문입니다.

'공부'는 원래 중국어(gōngfū)로 '애쓴다', '노력한다', '추구한다'는 뜻이라고 말했습니다. 그런데 놀랍게도 영어의 스터디(study)의 경우도 그 뜻이 비슷합니다. 스터디(study)는 라틴어 명사 '스투디움'(*studium*), 그리고 다시 라틴어 동사 '스투데오'(*studeo*)에서 나왔습니다. '스투데오'(*studeo*)는 '애쓰다', '노력하다'라는 말입니다. 그러므로 이 말은 글을 통해 배우거나 연구하거나 하는 동작을 직접 지칭하는 말로는 쓰이지 않습니다. 이것이 명사형(*studium*)으로 자리 잡으면서 '노력', '연구', '탐구'라는 뜻으로 확장되었습니다. 그리스어에 이 말에 상응하는 말로

'제이테시스'(zētesis)가 있습니다. 동사는 '제이테오'(zēteo) 입니다. '찾는다', '추구한다'는 뜻입니다.

같은 경우를 구약성경에서도 확인할 수 있습니다. 전도서 12장 9절에서 "전도자는 지혜자이어서 여전히 백성에게 지식을 가르쳤고 또 깊이 생각하고 연구하여 잠언을 많이 지었으며"라고 할 때, '연구하여'라고 번역된 동사 '하카르'(chaqar)에는 '찾다', '추구하다'라는 뜻이 있습니다. 전도서 12장 12절은 "많은 책들을 짓는 것은 끝이 없고 많이 공부하는 것은 몸을 피곤하게 하느니라."라는 말씀이 있습니다(우리가 지금 쓰고 있는 개역개정판에서 '공부'라는 말이 유일하게 나오는 구절입니다). 이때 '공부하다'로 번역된 '라하그'(lahag)도 원래 '애쓰다', '열심을 내다'라는 뜻입니다. 우리가 쓰는 '공부'와 비슷하게 일본어의 '벤쿄'(勉強)도 '애쓰다', '노력하다'라는 뜻이 원래 의미임을 염두에 두면, 고대 사람들이 모두 비슷한 방식으로 '공부'를 표현했다고 볼 수 있습니다. 애쓰고 노력하여 힘써 무엇을 찾고자 하는 것, 탐구하는 일이 공부의 진면목이라는 사실을 보여줍니다.

그런데 예수님께서는 우리가 무엇보다 추구해야 할 것, 우리가 무엇보다 찾고 구하고 애써야 할 것이 하나님의 나라라고 가르쳐주셨습니다. 무엇을 먹을까, 무엇을 입을까

걱정하고 염려하고 추구할 것이 아니라, 무엇보다 먼저, 모든 것에 앞서, 하나님의 나라와 그 의를 '추구하라'(zhtēte)고 하십니다. 하나님의 나라, 하나님의 다스림이 그리스도인이 무엇보다 먼저 추구해야 할 일이라면, 먼저 애써 힘써야 할 일이라면, 당연히 이것은 그리스도인 학자들에게도 적용된다고 보아야 합니다. 즉 공부 가운데 으뜸 공부는 하나님의 나라와 그 의를 추구하는 공부라는 말입니다.

하나님의 나라는 하나님의 다스림입니다. 하나님의 다스림은 만물을 하나님의 통치 아래에서 다시 회복하는 일에서 시작합니다. 여기서 만물은 자연뿐만 아니고, 무엇보다도 인간의 삶과 삶의 질서를 포함하는 겁니다. 그렇다면 인간의 지적 노력과 추구인 학문의 회복도 포함될 겁니다. 단순히 우리의 의지와 감정이 하나님께로 향하도록 회복되는 일뿐만이 아니라, 우리의 지성을 회복하고 바로잡는 일도 포함될 수밖에 없습니다. 그리스도의 구속의 은총이 성령님을 통해 우리의 지성에 미치는 영향을 생각하면, 우리는 지적 추구의 대상이 자연이냐, 사회냐, 인문이냐 하는 것에 제한되지 않고, 이보다 앞서, 이보다 훨씬 더 근본적으로, 대상을 보고 읽고 해석하고 의미를 부여하는 학자의 지성과 학자 공동체가 지향하는 가치의 방향에 관심을 가질 수밖에 없습니다.

만일 이렇게 우리의 관심을 지성의 주체, 학문의 주체에 집중해본다면, 이 주체를 움직이고 이 주체를 추동하는 힘이 어디서 오는가 묻지 않을 수 없습니다. 테르툴리아누스의 주장에 함축된 것처럼, 중요한 것은 사람입니다. 한 학자가 어디에 서서, 누구에게 속하여 지적 추구를 실행하는가 하는 것이, 학문을 통해 산출된 결과 못지않게 중요할 겁니다. 그렇다면 무엇이 그리스도인 학자를 그리스도인 학자답게 할까요? 이것은 그리스도인 학자를 그리스도인 학자답게 하는 조건이 무엇인지 묻는 겁니다.

저는 그리스도와 함께 죽고, 그리스도와 함께 다시 살아나서, 그리스도의 영을 가지고서, 아버지 하나님께서 원하시는 세계를 지적으로 추구하는 것이라고 말할 수 있지 않을까 생각합니다. 지적 활동과 작업으로 하나님을 알고, 하나님께 영광을 돌리는 것을 삶의 기본적인 태도로 삼는 것이 그리스도인 학자의 특징이 될 겁니다(로마서 1장). 하나님을 알고 그분께 합당한 영광을 돌리는 삶은 로마서 12장 2절에서 바울이 권유하는 것처럼, 무엇보다 '지성의 새로움'을 요구합니다. 그리하여 하나님의 뜻을 분별하기를 원합니다. 그래서 결국에는 '성령 안에서의 의와 평강과 희락', 곧 하나님의 나라를 누리는 것이, 그리스도 안에서 함께 죽고 함께 다시 살아난 그리스도인 학자가 지성을 새롭게 해서 추구해야 할 근본 가치가 아닐까 생각합니다.

하나님 안에서 누리는 삶의 근본 가치는 진리 자체이신 삼위 하나님으로부터 나온 참된 지식과 사랑의 결과로, 이것들의 열매로, 우리가 누릴 수 있는 '의와 평강과 희락'입니다. 만물을 지으시고 모든 인류를 사랑하시는 하나님께서 특별히 이스라엘을 택하시고, 다시 교회를 불러 모으시고, 그 가운데 그리스도인 학자를 세우셔서 지적 추구를 하도록 하셨습니다. 이 일에는 우리가 삶의 전 영역에서 하나님께서 그리스도 안에서 보여주신 놀라운 자기 계시를 다시 회복하는 의미가 있다고 생각합니다. 그리스도 안에서 보여주신 것이 무엇인가요? 예수 그리스도 안에서 보여주신 하나님의 사랑입니다. 사랑 가운데서 하나님께서는 무엇이 참되며, 무엇이 선하며, 무엇이 정의로우며, 무엇이 아름다운지를 보여주셨습니다. 이 모든 것이 지적 추구와도 무관할 수 없습니다.

예수 그리스도를 알기 전, 여전히 예수 그리스도 밖에 있을 경우에도, 여전히 그리스도를 통한 하나님의 사랑 안에 모든 사람들이 있습니다. 그 사랑과 은혜 없이는 어떤 선한 것이나 생명을 살리는 것도 나올 수 없습니다. 그 사랑과 은혜가 없는 것들은 결국 어떤 방식으로든 절대화되고 극단화됩니다. 인간을 절대화하거나, 자연을 절대화하거나, 신체를 절대화하거나, 영혼이나 정신을 절대화합니다. 민족을 절대화하거나, 자유를 절대화하거나, 관용을 절대화합니다. 심지어 교회를 절대화하고, 교파를 절대화하고, 성직을 절대화합니다. 절대화는 자유를 박탈하고, 타자를 배제하고, 지성을 편견의 노예가 되게 하며, 미래를 인위적으로 설정한 목표에 따라 폐쇄된 공간으로 밀폐시켜 버립니다.

그러므로 그리스도인 학자는 그리스도와 함께 죽고 함께 사는 삶을 통해, 사랑 안에서 보인 하나님의 '의와 평강과 희락'을 모든 지적 추구의 근본 동기로 삼아야 합니다. 뿐만 아니라, 그것을 지적 추구의 목표로 삼아야 할 겁니다. 우리의 지적 추구가 만일 성령님 안에서 누리는 의와 평강과 희락과 무관하다면, 그것은 우리를 교만하게 하고, 피조물의 질서를 우상화하며, 허망한 것에 소망을 두게 할 겁니다.

학문에 대한 저의 생각을 다시 한번 정리하는 것으로 이 책을 마치겠습니다. 첫째, 학문은 제 경험으로는 읽기, 쓰기, 말하기, 이 글에서는 별로 강조하지는 않았지만 또한 듣기, 그리고 이 모든 활동의 바탕에 함께 뒤따르는 생각하기가 통합된 행위입니다. 학문은 이러한 행위 가운데, 이러한 활동 가운데 존립한다고 생각합니다. 여기에는 우리의 지적인 능력뿐만 아니라 예민한 감성과 의지도 함께 참여합니다. 따라서 학문은 마이클 폴라니가 강조하듯이, 단순히 지적인 활동에 국한된 것이 아니라 전인격적인 투여이고 전인격적인 헌신이라고 말해야 할 겁니다.

둘째, 학문에는 수동성과 능동성이 함께 개입합니다. 배움의 단계는 수동성에서 시작합니다. 가르침은 능동성에서 시작합니다. 생각하기는 능동성과 수동성이 함께 작용합니다. 듣기는 수동성에서 시작합니다. 쓰기는 능동성에서 시작하지만 수동성을 경험합니다. 말하기에도 능동성이 먼저이지만, 그 가운데서 우리는 수동성을 경험합니다. 따라서 학문은 수동성과 능동성이 교차하는 가운데, 나에게 다가오는 압력, 의무, 부름에 대해서 응답하도록 요구하며, 이 요구를 듣고 능동적으로 지적 추구를 하는 가운데 학자로서 책임을 수행한다고 말할 수 있지 않을까 생각합니다. 이것이 한 사회, 한 문화 속에서 학자가 살아갈 수 있는 윤리적 삶이 아닐까 생각합니다.

셋째, 서양의 학문이든지 동양의 학문이든지, 진정성이 살아있는 학문에는 언제나 '위기지학'의 정신이 배어있다고 생각합니다. 서양 전통은 겉으로만 보면 삶에 유용한 지식만을 추구하는 것처럼 보입니다. 그러나 서양의 학자들 가운데, 특별히 철학자들 가운데 어느 누구도 자기인식의 중요성을 간과하지 않았습니다. 우리의 눈이 바깥으로 향하듯이 우리의 지식도 늘 바깥으로만 향하는 듯해 보이지만, 서양전통을 보면 눈은 언제나 안으로 돌아오고자 하는 충동을 버리지 못했습니다. "밖으로 나가지 마라. 그대 자신 속으로 돌아가라. 인간 내면에 진리가 거주한다."(*Noli foras ire, in te ipsum redi. In interiore homine habitat veritas*)라는 아우구스티누스의 말이 이것을 잘 보여줍니다.

물론 아우구스티누스에게 자기인식, 자신에 대한 앎은 하나님에 대한 앎으로 종결됩니다. 그럼에도 지식은 자신 안에만 머물지 않습니다. 지식은 사랑으로 완결됩니다. 지식은 하나님에 대한 사랑과 이웃 사랑으로 이어집니다. 오늘날 자연 정복 사상을 펼쳤다고 많은 비판을 받는 베이컨조차도 지식의 목적은 사랑(charity)이라고 강조했습니다. '나를 위한 공부'는 결국 '남을 위한 공부', 다시 말해 남에게 보이고 행세하기 위한 공부가 아니라 남의 삶을 유익하게 하고 도와주는 공부, 이웃 사랑을 하는 공부가 될 것이고, 결국에는 이를 통해 하나님 사랑으로 열매를 맺게 될 것이라고 생각합니다. 이 땅에서 우리가 지식을 추구하고 학문하는 이유와 목적이 사랑에 있다고 할 수 있습니다. 사랑에서 비롯된 지식, 사랑을 통한 지식, 사랑을 위한 지식이야말로 이 땅에서 우리가 추구할 지식이고 학문입니다.

얼마나 많은 독자들께서 이 책을 읽게 될지는 알 수 없지만, 모든 독자들께 감사를 드립니다. 이 책에서 풀어낸 이야기가 하나님의 말씀인 성경과 교회 전통의 숙고를 토대로 기독교적으로 학문해보고 싶은 마음을 조금이라도 가지게 했다면, 저의 부족한 글이 그래도 헛되게 끝나지 않았다고 생각하겠습니다. 오직 하나님께 영광이 돌아가기를 기원합니다.

더 읽으면 좋은 책들

아브라함 카이퍼 지음, 김기찬 옮김, 『칼빈주의강연』, 크리스천 다이제스트, 2014.

리처드 마우 지음, 강성호 옮김, 『리처드 마우가 개인적으로 간략하게 소개하는 아브라함 카이퍼』, SFC, 2015.

마크 A. 놀 지음, 박세혁 옮김, 『복음주의 지성의 스캔들』, IVP, 2010.

조지 마스덴 지음, 조호연 옮김, 『기독교적 학문연구@현대 학문세계』, IVP, 2000.

코넬리우스 플랜팅가 지음, 오광만 옮김, 『기독 지성의 책임』, 규장, 2004.